주식기초부터 헤지펀드까지

주식투자안내서

2판

주식투자 안내서
주식기초부터 헤지펀드까지

2판 1쇄 발행 2022년 2월 14일

지은이 김희수
펴낸이 장길수
펴낸곳 지식과감성#
출판등록 제2012-000081호

교정 김혜련
디자인 최지희
편집 최지희
검수 백승은, 윤혜성
마케팅 고은빛, 정연우

주소 서울시 금천구 벚꽃로298 대륭포스트타워6차 1212호
전화 070-4651-3730~4
팩스 070-4325-7006
이메일 ksbookup@naver.com
홈페이지 www.knsbookup.com

ISBN 979-11-392-0328-8(03320)
값 16,000원

- 이 책의 판권은 지은이에게 있습니다.
- 이 책 내용의 전부 또는 일부를 재사용하려면 반드시 지은이의 서면 동의를 받아야 합니다.
- 잘못된 책은 구입하신 곳에서 바꾸어 드립니다.

지식과감성#
홈페이지 바로가기

주식기초부터 헤지펀드까지

주식 투자 안내서

2판

김희수 지음

Contents

서문 ··· 14

제1장 주식의 기초 개념

1. 주가지수 ··· 23
2. 주식거래 ··· 25
3. 주가그래프 ·· 30
4. 공시 ·· 31
5. 배당 ·· 32
6. 유상증자와 무상증자 ··· 33
7. 무상감자 ··· 34
8. 파생 상품 ··· 35

제2장 장기투자와 트레이딩

1. 복리의 마법 ·· 42
2. 금융 위기 ··· 44
3. 트레이딩의 기간 ·· 45

제3장 성장주와 가치주

1. 빠른 이익 성장 ······ 54
2. 높은 주가상승률 ······ 55
3. 주가수익비율 ······ 57
4. 주가순자산비율 ······ 60
5. 대박 상품 ······ 61
6. 가치주 ······ 65
7. 배당주 ······ 66

제4장 개별주와 포트폴리오

1. 포트폴리오 ······ 73
2. 위험 ······ 74
3. 위험조정수익률 ······ 75
4. 베타계수 ······ 76
5. 시장 위험 ······ 77

제5장 기업 분석

1. 시가총액 ······ 84
2. 부채비율 ······ 85
3. 이자보상배율 ······ 86
4. 당좌비율 ······ 87
5. 시가배당률 ······ 88

6. 매출액 증가율 ··· 90
7. 영업이익률 ·· 91
8. 현금 흐름 ·· 93
9. 자기자본이익률 ······································ 94
10. 내수와 수출 비중 ································· 95
11. 업종 ·· 96
12. 주력 제품 및 서비스 ···························· 98
13. 재무제표 ··· 100

제6장 차트 분석

1. 차트 기초 ··· 112
2. 이동평균선 ··· 113
3. 저항선과 지지선 ···································· 115
4. 상대강도지수 ·· 118

제7장 시장수익률과 초과수익률

1. 시장수익률 vs 헤지펀드수익률 ··············· 125
2. 샤프지수 ·· 127
3. 트레이너지수 ·· 128
4. 젠센의 알파 ··· 129

제8장 트레이딩의 기본

1. 손절 ··· 134
2. 추세추종과 평균회귀 ·· 136
3. 트레이딩 시 자세 ·· 138
4. 투기와 버블 ··· 139

제9장 뮤추얼펀드와 ETF

1. 거래소 상장펀드 ··· 146
2. ETF 살펴보기 ··· 152
3. 섹터펀드(업종펀드) ·· 153
4. 파생펀드 ·· 154
5. 채권형 펀드 ··· 155
6. 환헤지형 펀드 ··· 157

제10장 선물옵션

1. 선물 ·· 161
2. 옵션 ·· 164
3. 합성 포지션 ··· 170

제11장 헤지펀드

1. 헤지펀드 전략 ···178
2. 롱숏 전략 ··179
3. 글로벌매크로 전략 ····································180
4. 방향성 전략 ··181
5. 이벤트드리븐 전략 ····································182
6. 상대적 가치 전략 ·····································183
7. 펀드 오브 헤지펀드 전략 ······························184
8. 헤지펀드의 수익률 ····································185
9. 영국 은행을 이긴 남자, 소로스 ························186
10. 르네상스 테크놀로지 ································188
11. LTCM의 몰락 ······································190

제12장 경제지표

1. 미국국내총생산 ······································195
2. 경기순환 ··196
3. 실업률 ··197
4. 주간 실업수당신청 건수 ······························198
5. ADP 비농업 고용변화 ································199
6. 소비자신뢰지수 ······································200
7. 개인소득과 개인지출 ·································201
8. 미국 레드북 소매판매지수 ····························202
9. 내구재 주문 ···203
10. 산업생산 ···204
11. 설비가동률 ···205

12. ISM 제조업 구매관리자지수 ·········· 206
13. ISM 비제조업 구매관리자지수 ········ 207
14. 주택착공 건수와 허가건수 ············ 208
15. 기존 주택 판매 ······················ 209
16. 신규 주택 판매 ······················ 210
17. 장기적인 경제성장을 위한 요소들 ···· 211
18. 필라델피아연준 제조업지수 ·········· 212
19. 리치몬드 제조업지수 ················ 213
20. 시카고 구매관리자지수 ·············· 214
21. 뉴욕 엠파이어스테이트 제조업지수 ·· 215
22. 캔자스시티연준은행 제조업지수 ······ 216
23. 연방공개시장위원회 보고서 ·········· 217
24. 한국 수출량 ·························· 218
25. 소비자물가지수 ······················ 219
26. 생산자물가지수 ······················ 220
27. 고용비용지수 ························ 221
28. 생산성 ······························ 222
29. 수익률곡선 ·························· 223
30. 일본 단칸지수 ······················ 224
31. 중국 산업생산 ······················ 225
32. 필라델피아 반도체지수 ·············· 226
33. 발틱운임지수 ························ 228
34. 상하이 컨테이너 운임지수 ············ 229
35. 공포와 탐욕지수 ···················· 230

맺음말 ·· 234
부록 ·· 240

투자 정보 사이트 | 참고문헌 |
전문 용어 색인 | 차트 색인 | 그림 색인 | 표 색인

"조심스러움과 근면함이 행운을 가져온다."

- 도마스 풀러

주식
투자
안내서

서문

서문

 2007년 초 가입했던 중국 펀드는 2007년 11월쯤 되자 약 50%의 수익률을 보였다. 나는 돈을 더 불입하였고, 중국 펀드는 곤두박질치기 시작하였다. 미국의 서브프라임 모기지론으로 인한 글로벌 경제 위기가 시작되고 있었다. 나는 사태를 심각하게 받아들이지 않았다. 지구 반대편에서 무슨 일이 벌어지고 있는지 뉴스를 통해서만 알 수 있었는데 왜 서브프라임 모기지론(프라임 등급 아래의 주택대출)으로 인해 한국 및 중국 주가가 폭락하는지 이해할 수 없었다.
 2008년 어느 날 나는 내 주식 잔고에서 -95%에 달하는 종목을 볼 수 있었다. 예를 들자면 대략 100만 원어치 사 둔 주식이 약 5만 원이 되어 있었다. 어떻게 건실한 기업의 주가가 그렇게까지 떨어질 수 있는지 놀라울 따름이었다.
 미국발 글로벌 경제 위기는 2009년쯤 되어서야 친절하게 설명된 책이나 텔레비전 프로그램이 나와서 대략적으로나마 이해할 수 있었다. 서브프라임 모기지론은 복잡한 파생 상품 형태로 마치 안전한 것처럼 포장되어 전 세계에 엄청난 금액으로 팔려 나갔던 것이다. 그런데 미국의 주택 가격이 폭락하자 서브프라임 모기지론으로 집을 산 대출자들이 빚을 갚을 수 없게 되었다. 서브프라임 모기지론은 대출자가 소득이 없는 경우에조차도 주택 가격 상승만을 바라보고 마구 대출된 것이었기 때문에 사실상 정크본드나 다름없었다. 그렇게 부도난 대출 상품은 파생 상품들에도 엄청난 손실을 입혔고, 이는 안전한 상품이라 믿고 구매한 세계 각국의 지방정부와 은행, 투자기관 등에 엄청난 손실을 입혔다.

2008년 미국의 4대 투자은행 중 하나였던 리먼 브라더스가 파산하였고, 대마불사가 깨졌다. 미국과 유럽의 수많은 기업들이 파산하거나 파산위기로 몰렸다. 그에 따라 전 세계 경제는 침체에 빠진다.

하지만 2009년 주가는 바닥을 치고 다시 반등하기 시작하였다. 마치 미국이 망할 것만 같았던 심각한 글로벌 경제 위기에도 불구하고 미국 주가가 반등하기 시작한 것이다. 비록 금융 위기 전, 주가를 회복하기까지는 몇 년이 더 걸렸지만 어찌되었건 전 세계 주식시장은 금융 위기로부터 회복하는 모습을 보였다.

그때의 경험은 나에게 강렬한 기억으로 남아 있다. 투자에 있어 연륜과 경험이 중요한 것은 거품이 형성되고 붕괴되는 과정 중에 실제 어떤 일들이 벌어지고 금융시장이 어떻게 반응하는지 직접 겪어 보지 않으면 책만으로 체감하기 어렵기 때문이다.

워런 버핏은 당시 미국 경제를 믿었고, 2008년 금융 위기 때에도 주식을 계속 보유하였으며 골드만삭스 등 여러 기업에 투자하며 위기 극복에 도움을 주기도 하였다. 버크셔 해서웨이(Berkshire Hathaway)는 2008년의 글로벌 금융 위기를 극복하고 2018년 현재에는 금융 위기 이전보다 주가가 2배로 뛰어올랐다.

비록 주식투자가 위험하지만, 장기투자가 그러한 위험을 뛰어넘을 수 있는 중요한 방법임을 많은 투자대가들이 강조하는 배경에는 이러한 이유도 있을 것이다.

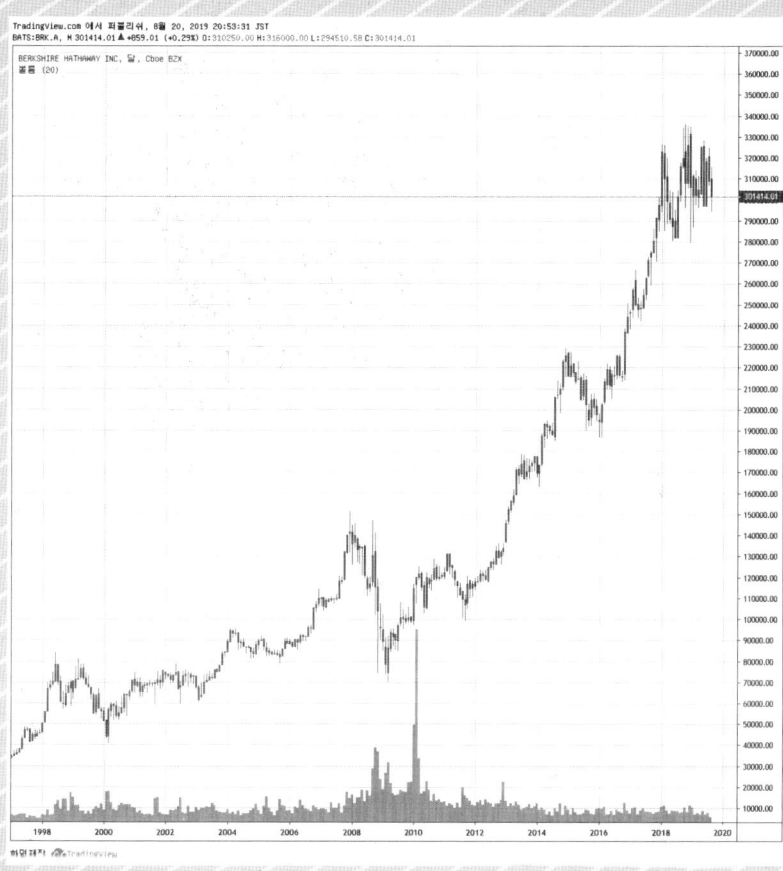

[차트 1] 버크셔 해서웨이 주가그래프[1]

---

[1] 본 《주식투자 안내서》에 사용된 모든 차트는 TradingView 차트에서 캡처되었다.

주식기초부터 헤지펀드까지

주식
투자
안내서

1

주식의 기초 개념

제1장
주식의 기초 개념

"지식에 대한 투자는 가장 좋은 이자를 지급한다."
- 벤저민 프랭클린

> **자본**
> 자산에서 부채를 제외한 것. 재화와 용역을 생산, 제공하기 위한 현금과 생산 시설 등을 말한다.
>
> **주주총회**
> 중요한 사안을 결정하는 주식회사 주주들의 집회. 결산기마다 개최하는 정기총회와 수시로 개최하는 임시총회가 있다.

주식(stock)이란 회사 소유권의 부분을 나타내며, 동시에 회사 자본의 부분을 나타낸다. 주식의 소유자를 주주(shareholder)라 하며, 기업의 주식을 많이 소유한 사람 또는 회사를 대주주라 한다. 주주는 주주총회에서 1주당 1개의 의결권을 가지며, 회사의 정관 변경, 이사회 선출, 이사 해임 등 중요한 사안에 대해 의결권을 행사(투표)할 수 있으며, 다수결에 의하여 결정된다. 하지만 회사의 경영은 이사회가 하며, 대주주와 이사가 다른 사람으로서 소유와 경영이 분리될 수 있다. 주식을 50% 소유하면 사실상 회사를 소유하는 것이 되지만, 그렇다고 해서 회사의 건물이나 자산들을 마음대로 팔 수 있는 권리는 없다.

주식은 보통주(common stock)와 우선주(preferred stock)의 형태가 있다. 보통주는 의결권을 가지므로 주주총회를 통해 부분적으로 경영에 참여할 수 있다. 우선주는 의결권은 없지만, 이익배당과 회사 청산 시 자산분배에 있어 보통주보다 높은 우선순위를 가진다. 하지만 회사 청산 시 우선주보다 채권자가 자산분배에 있어서 우선순위가 더 높다. 우선주는 의결권이 없는 대신 보통주보다 시가배당률이 더 높은 경우가 많지만 발행주식수는 더 적어서 유동성이 떨어지는 경향이 있다.

주식회사는 창업 시 소수의 창업 구성원들과 투자자들에게 주식을 발행하여 자금을 조달한다. 주식회사 설립 시 주식을 액면가로 발행하며, 발행주수를 곱하면 기초 자본금이 된다. 기업의 가치는 늘 변하므로 액면가는 큰 의미가 없으며, 보통 시장에서 결정되는 가격인 시장가로 거래가 이루어진다. 기업이 성장하거나 유망한 경우, 큰 자금을 모으기 위해 불특정 다수를 대상으로 주식을 발행 또는 매매할 수 있도록 거래소에 상장하는 기업 공개(initial public offering, IPO)를 할 수 있다. 거래소에 상장하기 위해서는 일정 요건을 갖추어야 하고, 일반적으로 코스피(KOSPI)의 상장 요건이 코스닥(KOSDAQ)의 상장 요건보다 더 까다롭다.

코넥스(Korea new exchange)는 아직 충분히 크지 않은 중소기업의 주식거래를 위해 2013년 개장한 코스닥 전 단계의 주식거래시장이다. 이러한 중앙화된 거래소는 개인 간의 직접 주식거래에 존재하는 사기 등의 위험으로부터 보호하고, 시장 가격에 편리하게 매매할 수 있게 해 주는 역할을 한다.

기업이 유상증자 등을 통해 주식을 신규 발행하는 형태로 주식을 매매하는 시장을 발행시장(primary market)이라 하며, 이미 발행된 주식을 사고파는 거래소와 같은 시장을 유통시장(secondary market)이라 한다.

  상장회사의 장점은 불특정 다수로부터 자본을 편리하게 조달받을 수 있다는 점이다. 투자를 받기 위해 개별투자자들을 만나 사업에 관해 설명하고 투자계약을 체결하는 수고를 덜어 준다. 큰 사업을 벌이기 위해, 예를 들면 공장을 설립하기 위해 자본이 필요할 때 주식을 발행하거나 채권을 발행하여 자본을 조달할 수 있다. 그리고 일반 개인들에게도 삼성전자와 같은 우량기업의 지분을 소유할 수 있는 기회를 제공한다.

1. 주가지수

주가지수(stock index)는 많은 주식들의 평균값으로 산업이나 국가 주식시장의 전체적인 움직임을 참고하는 데 사용된다. 주가지수는 일반적으로 단순평균 방식(price-weighted index)과 시가총액 가중평균 방식(capitalization-weighted index)으로 산출한다. 단순평균 방식은 개별 종목들의 주가에 대한 단순평균으로 산출되며, 시가총액 가중평균 방식은 시가총액이 큰 종목일수록 더 큰 가중치를 두고, 주가지수에 더 큰 비중을 차지하도록 하여 계산하는 방식이다. 단순평균 방식 주가지수로는 미국의 다우존스30(Dow Jones 30)과 일본의 닛케이255(Nikkei225)지수가 있다. KOSPI200지수와 일본의 TOPIX지수, 미국의 S&P500지수 등은 시가총액 방식의 주가지수이다.

한국증권거래소에서 대표성이 있는 200개 종목을 주기적으로 선정하여 시가총액 가중평균 방식으로 산출한 주가지수가 KOSPI200지수이다. KOSPI200지수는 1990년 1월 3일을 기준으로 100포인트로 계산한다. KOSPI지수(한국 종합 주가지수)는 유가증권시장 상장 종목 전체에 대한 주가지수이며, 코스닥지수는 코스닥 상상 종목 전체에 대한 주가지수이다. KOSPI지수는 1980년 1월 4일을 기준으로 100포인트로 계산하며, 코스닥지수는 1996년 7월 1일을 기준으로 1,000포인트로 계산한다. 코스닥지수는 2019년 8월 2일 기준 615.7포인트이므로, 구성 종목 교체가 이루어지기는 했지만 약 22년간 역성장한 것이 된다.

주가지수는 대형주와 소형주로 묶거나, 산업군으로 묶거나 하는 식으로 여러 가지 주가지수가 만들어질 수 있다.

미국의 대표적인 주가지수는 S&P500지수, 다우30, 나스닥지수 등이 있으며, 일본의 대표적인 주가지수는 TOPIX, NIKKEI225지수 등이 있고, 중국의 대표적인 주가지수에는 상해종합지수, 홍콩의 항셍지수 등이 있다. 해외의 주식시장에 투자할 경우, 개별 종목들에 투자할 수도 있지만, 이러한 주가지수를 추종하는 펀드에 투자하는 경우도 많다. 해당 국가의 대표 주가지수는 일반적으로 해당 국가의 대표적인 기업들로 구성되기 때문에 해당 국가의 대표 기업들에 분산투자하는 것과 비슷한 효과를 지닌다.

[차트 2] KOSPI 종합 주가지수

2. 주식거래

주식을 거래하기 위해서는 증권사나 은행을 방문하여 증권계좌를 개설하거나, 스마트폰을 통해 비대면 증권계좌를 개설하면 된다. 비대면 증권계좌를 개설하기 위해서는 신분증 촬영, 공인인증서 서명, 휴대전화 인증 등의 절차를 거쳐야 한다. 일반적으로 비대면 증권계좌를 개설하는 편이 수수료가 저렴하게 책정되어 있으며, 큰 문제가 없다면 수수료가 저렴한 증권사를 사용하는 편이 수익률에 도움이 된다.

계좌를 개설한 후에는 거래할 금액을 증권계좌로 입금한다면 영업일에 홈트레이딩 시스템(HTS)이나 모바일트레이딩 시스템(MTS) 등을 통해 주식을 매매할 수 있다. 주식을 매수하거나 매도하면 현금은 2영업일에 결제된다. 즉, 월요일에 주식을 매수하면 휴일이 없을 경우 수요일에 현금이 빠져나가며, 월요일에 주식을 매도하면 휴일이 없을 경우 수요일에 현금이 계좌로 들어온다.

주식을 매수하기 위해서는 종목을 고른 후, 매수 희망 가격과 매수 주식 수량을 입력하고 매수 버튼을 누르면 된다. 이때 예수금보다 더 많은 금액을 매수하는 미수거래를 하지 않도록 수의한다. 미수거래를 할 경우 예수금을 더 채워 넣지 않으면 강제 청산을 당한다.

> **Tip**
>
> 미수금이 발생하는 것을 방지하기 위해서는 D+2 예수금이 음수가 아닌 것을 확인해야 한다. 만약 D+2 예수금이 음수라면 결제일(주식 매수 후 2영업일째)에 현금을 추가로 입금해야 하고, 모자라면 증권사에서 반대매매하여 주식을 팔아버릴 것이다.

주식거래시간과 규칙은 가끔 변하므로 참고하기 바란다. 아래 주식거래시간과 주문 유형은 2019년 9월 기준으로 작성되었다. 정규장거래시간은 오전 9시에서 오후 3시 30분까지이다. 정규장거래시간에는 지정가주문, 시장가주문, 조건부 지정가주문 등을 할 수 있다.

장 전 시간외 종가	08:30~08:40(전일 종가로 거래)
장 시작 동시호가	08:30~09:00(주문접수 후 모아서 일괄 체결)
정규장 일반거래	09:00~15:20(실시간 체결)
장 마감 동시호가	15:20~15:30(주문접수 후 모아서 일괄 체결)
장 후 시간외 종가	15:40~16:00(당일 종가로 거래)
시간외 단일가	16:00~18:00

[표 1] 주식거래시간

1) 지정가주문

지정가주문은 매수 희망 가격이나 매도 희망 가격을 지정한 주문으로서 거래상대방이 그 가격으로 매매하지 않는 이상 거래가 체결되지 않는다. 예를 들면 삼성전자주식을 5만 원에 매수하겠다고 지정가주문을 했을 때, 5만 원 이하의 매도호가에 올라온 매물들이 있다면 주문이 체결되고, 5만 원보다 비싸게 팔려는 사람만 있을 경우 주문은 체결되지 않고 시장이 마감될 때까지 대기매물로 남는다.

2) 시장가주문

시장가주문은 현재 거래상대방의 희망 가격으로 주문이 체결되는 방식이다. 예를 들어 삼성전자주식에 시장가 매수주문을 낸 경우, 그 순간 가장 싼 매도호가의 매물이 4만 원이라면 4만 원에 매수주문이 체결된다. 시장가주문을 할 때 호가갭이 큰 경우, 너무 비싼 가격에 매수되거나, 너무 싼 가격에 매도되는 경우가 있을 수 있으니 주의해야 한다. 호가갭이 큰 경우 되도록 시장가매매는 하지 않는 편이 좋다.

3) 조건부 지정가주문

장중에 지정가주문으로 체결이 되지 않으면, 종가에 시장가로 주문이 바뀌는 유형의 주문이다. 당일에 꼭 매수·매도하고 싶지만 장중 유리한 가격에 체결되길 희망할 때 내는 주문 유형이다.

4) 시간외 종가주문

① 장 전 시간외 종가(오전 8시 30분~오전 8시 40분): 전일 종가로 시간 순서에 따라 실시간으로 체결되는 주문 유형이다.
② 장 후 시간외 종가(오후 3시 40분~오후 4시): 당일 종가로 시간 순서에 따라 실시간으로 체결되는 주문이다. 거래상대 매물이 있을 경우 실시간으로 체결된다.

5) 시간외 단일가주문

정규시장 종료 후 오후 4시에서 오후 6시까지 종가의 ±10% 이내에 지정된 가격으로 주문을 낼 수 있다. 10분 단위로 주문을 모아 체결하기 때문에 체결될지 기다려 봐야 알 수 있고 기다리기 답답할 수 있다.

6) 동시호가주문

① 장 시작 동시호가(오전 8시 30분~오전 9시): 시가를 결정하기 위한 호가주문이다. 9시 장 개시와 동시에 시가에 체결된다.
② 장 마감 동시호가(오후 3시 20분~오후 3시 30분): 종가를 결정하기 위한 호가주문이다. 오후 3시 30분 종가에 체결된다.

한국 주식시장은 오전 9시에 정규시장이 개장하며, 오후 3시 30분에 폐장한다. 상한가는 전일종가 대비 +30%, 하한가는 전일종가 대비 -30% 이다. 그러므로 하루 최악의 경우는 상한가에 사서 하한가까지 가격이 떨어지는 경우로 자산이 반토막 이상 손실이 날 수도 있다.

7) 주식 체결의 우선순위

주식은 가격 〉시간 〉수량 순서로 우선순위가 부여되어 거래가 체결된다.

① 높은 매수 가격, 낮은 매도 가격 우선
② 주문 가격이 동일한 경우 더 빠른 주문이 우선
③ 위 조건이 모두 동일한 경우 더 많은 수량의 주문이 우선

우선순위에서 밀려 매물이 부족한 경우 일부만 체결되고 나머지는 체결이 되지 않는다. 시장가주문의 경우 매물이 부족하면 나머지 수량은 더 불리한 가격에 체결되는 식으로 주문 수량을 채운다. 단, 동시호가 주문의 경우 가격, 수량만으로 우선순위를 결정한다. 동시호가 시간대의 주문 시각은 고려하지 않고 체결된다.

3. 주가그래프

주가그래프(주가 차트)는 과거 주식거래 가격을 그려 놓은 그림이다. 일반적으로 주식을 거래하는 데 주가그래프가 많이 활용된다. 과거에 얼마의 가격에 거래되었는지, 단기간에 급등하였는지, 장기적으로 꾸준히 올랐는지 등 여러 가지 용도로 주가그래프가 활용된다. 주가그래프는 과거의 거래 가격일 뿐, 본질적인 가치를 나타내는 것은 아니므로 현혹되지 않도록 유의한다.

[차트 3] 애플 주가그래프

4. 공시

주식회사는 사업 내용이나 재무상황 등의 정보를 투자자 등에게 알려야 할 의무가 있으며, 주가에 영향을 미칠 수 있는 정보를 알리는 것을 공시라고 한다. 공시는 기업에 호재가 될 수도 있고, 악재가 될 수도 있다. 호재공시라고 해서 반드시 주가가 오르는 것은 아니다.

공시는 금융감독원이 운영하는 전자공시사이트(http://dart.fss.or.kr)에서 확인할 수 있다. 분기별 실적 보고서, 배당금 등의 중요한 정보들이 공시되므로 개별 기업에 투자하는 투자자라면 관심 있게 읽어 볼 만하다.

5. 배당

　기업은 이익 또는 자산을 배당의 형태로 주주에게 분배할 수 있다. 배당은 주식배당과 현금배당으로 나뉜다. 배당은 지급 시 세금이 원천징수된 후 증권계좌에 지급된다. 현금배당의 경우 배당금의 15.4%(소득세+주민세)가 원천징수된 후 증권계좌에 지급된다. 주식배당의 경우 액면가의 15.4%(소득세+주민세)에 해당하는 세금이 원천징수된다.

6. 유상증자와 무상증자

유상증자는 기업이 자본의 조달을 위해 주식을 판매하는 방식으로 발행하는 것을 말한다. 일반 공모 방식은 일반 투자자들도 발행주식을 구매할 수 있으며, 제3자 배정 방식은 지정된 사람들에게 발행하는 방식이다.

무상증자는 주식을 주주들에게 무료로 나누어 주면서 자본금을 늘리는 경우이다. 무상증자는 이익잉여금을 자본금으로 옮기는 회계상의 작업이며, 회사의 자산 규모에는 변화가 없다. 무상증자는 기업의 이익잉여금이 많다는 것을 나타내는 상징적 효과가 있다.

7. 무상감자

무상감자란 주주가 보상 없이 감자비율만큼 주식수를 잃는 것을 말한다. 기업의 회계상 손실을 주주에게 전가하는 것으로, 무상감자를 실시하는 기업은 장기간 혹은 큰 누적적자로 인하여 경영상의 위기인 기업들이 많고, 상장폐지되는 경우도 있다. 10:1 무상감자가 실시되면 10주를 보유한 주주의 경우 1주만 남으며, 손실에 대한 보상은 없다. 유상감자는 주주들에게 보상을 해 주므로 호재인지 악재인지는 보상금액에 따라 다를 수 있다.

2003년 2월 25일 하이닉스 반도체는 주주총회에서 주식 21주를 1주로 바꾸는 감자안을 통과시켰다.[2] 기사에 따르면 감자에 반대하는 소액주주들이 계란을 던지고 격렬하게 몸싸움을 벌이며 항의하였다고 한다. 4~5만 원에 거래되던 하이닉스가 135원까지 떨어지고, 거기에 21:1 감자까지 하였으니 엄청난 손실이었다. 경영난에 시달리는 회사에 투자하는 것이 아주 위험한 것임을 보여 주는 경우이다. 하지만 다행히도 SK하이닉스는 반도체 호황에 힘입어 2018년 7~8만 원대로 주가가 회복되었다.

---

[2] '하이닉스 감자 통과… 주총장 아수라장', SBS뉴스, 2003년 2월 25일

8. 파생 상품

주식으로부터 파생된 금융 상품(파생 상품)으로는 대표적으로 주식선물(future)과 옵션(option)이 있다. 선물을 사는 것은 만기일에 주식을 사는 계약이다. 선물은 주로 농산물시장에서 위험을 헤지하기 위해 사용되어 왔다. 예를 들면 쌀을 몇 개월 전에 미리 선도(forward)거래나 선물거래로 팔아서 작황에 영향을 받기 전 가격으로 팔고, 만기일에 쌀을 인도하는 식이다. 선물구매자도 비슷한 의도로써 흉작으로 쌀 가격이 폭등할 것을 염려하여 미리 선물로 구매계약을 체결해 두는 식이다. 선도거래는 비표준화된 거래이며, 선물거래는 상품 규격이 표준화되어 있어 거래소에서 쉽게 거래할 수 있다.

옵션은 콜옵션(call option)과 풋옵션(put option)으로 나뉘며, 콜옵션은 주식을 매수할 권리, 풋옵션은 주식을 매도할 권리를 나타낸다. 콜옵션을 매수하면 만기일에 특정 가격에 주식을 매수할 수 있는 권리를 가진다. 만약 주가가 하락하였다면 단순히 콜옵션을 포기하고 콜옵션 가격만큼 손실을 보면 된다. 콜옵션을 매도하였다면 만기일에 주식을 매수할 권리를 판 것이다. 콜옵션매도자 입장에서 수가가 하락하면 이득인 반면, 주가가 상승하는 경우 콜옵션매도자는 주가 상승분에서 옵션매도 가격을 뺀 만큼 손실을 입는다. 풋옵션은 반대로 특정 가격에 주식을 매도할 권리이므로, 주가가 하락하면 풋옵션매수자는 권리를 행사하여 주식을 팔아 이익을 본다. 파생 상품은 아주 위험하므로 개인투자자에게 권장되지 않는 편이다.

주식기초부터 헤지펀드까지

주식
투자
안내서

2

장기투자와 트레이딩

제2장
장기투자와 트레이딩

"복리의 힘은 우주에서 가장 강력한 힘이다."
- 알버트 아인슈타인

　10년 이상 주식형 펀드에 투자하면 손해를 볼 확률이 낮다는 말을 들어 본 적이 있을지 모르겠다. 주식은 흔히들 장기투자해야 할 대상이라고 한다. 기업들이 오랜 세월에 걸쳐 제품과 서비스를 연구, 개발하고 새로운 시장을 개척하며 매출을 증대하고 이익을 늘리는 경향이 있는 것도 한 가지 이유일 것이다. 제품 개발도 하루아침에 되는 것이 아니며, 새로운 시장에 진출하기 위해 준비하고 추진하는 데에도 수개월에서 수년이 걸리고는 한다. 주가가 개인투자자의 바람대로 며칠 만에 잘 급등해 주지 않는 근본적인 이유이기도 하다. 성장하는 기업의 주식을 사기 위해서는 해당 기업에 대한 넓고 깊은 분석이 필요하다. 기업 선별 작업을 할 시간과 노력이 없다면 주식형 펀드에 가입하면 된다. 비록 직접투자보다 수수료 비용(판매수수료뿐 아니라 숨겨진 운용수수료도 포함)이 1~3% 정도 더 들고, 수익이 나면 추가적인 소득세를 내야 할 수 있지만 주식투자에 대한 깊은 지식이 없어도 주식투자가 가능하다.

주식투자를 장기적으로 해야 하는 이유는 기업의 성장이 오래 걸리기 때문이라는 이유도 있지만, 주식시장의 변동성 때문이기도 하다. 주식시장에서는 많은 일들이 끊임없이 일어난다. 기업이 부도가 나기도 하며, 새로운 제품이 인기를 얻지 못하고 실패하기도 한다. 또한, 현대의 경제는 전 세계적인 무역을 통해 서로 간의 제품과 서비스를 사고파는 세계화 경제이다. 동남아시아의 외환 위기가 한국에도 전염되어 1997년 외환 위기와 IMF 사태를 일으키기도 하였다. 이러한 다양한 크고 작은 사건들은 주가를 오르게도, 내리게도 한다. 한 치 앞도 내다 볼 수 없는 세상이기에 오늘 산 주식이 내일 오른다는 보장은 없다. 기업들이 수많은 역경과 위기를 이겨 내고 오래 기다리다 보면 삼성전자나 네이버처럼 큰 성장을 하는 기업들도 많기에 장기투자를 권유하는 것이다.

> **Tip**
>
> 장기투자는 트레이딩보다 훨씬 쉽다. 그렇지만 종목 선정 능력이 탁월해야 장기적으로 수익이 난다. 종목을 잘못 선정하면 장기투자도 손실만 낼 뿐이다. 또한, 종목 선정을 잘 했더라도 계좌가 반토막 나는 것을 지켜봐야 할 때가 많다. 워런 버핏의 버크셔 해서웨이도 경제 위기 때는 반토막이 나고는 한다.

그렇다면 트레이딩은 무엇일까. 트레이딩은 상대적으로 단기간에 사고파는 행위를 말한다. 수초, 몇 시간, 며칠 혹은 몇 개월만 보유하고 파는 것이다. 또는 반대로 팔고 되사는 것도 트레이딩이다. 개인투자자 중에는 단기적으로 큰 수익을 얻는 것을 바라고 트레이딩을 선호하는 사람들이 많다. 하지만 트레이딩은 장기투자보다 요구되는 분석 능력과 매매 기법 등에 있어 훨씬 난이도가 높기 때문에 대부분의 경우 큰 실패를 맛본다. 한 치 앞도 알 수 없는 세상에서 오늘 산 주식이 내일 폭락하는 경우도 비일비재하며, 큰 손해를 보기 전에 기계적으로 손절을 하는 것도 쉬운 일이 아니다. 수익을 내는 것도 아주 어렵기 때문에 손절만 하다가 손실이 눈덩이처럼 불어나기도 하기 때문이다. 그렇기 때문에 트레이딩은 보통 권유되지 않는다.

실질수익률
명목수익률에서 물가상승률을 제외한 수익률.

명목수익률
물가상승률을 고려하지 않은 숫자 그대로의 수익률.

《데이비드 드레먼의 역발상 투자(데이비드 드레먼, 2009)》에 따르면, 1945~1996년 사이 주식의 실질수익률(물가상승률을 제한 수익률)은 연 7.5%로 미국 장기국채의 실질수익률 0.86%의 9배였다고 한다. 사실상 국채는 세금을 내고 나면 남는 돈이 거의 없기에 실질적으로 손실인 셈이다. 1945년부터 약 50년간 미국 주식에 투자했더라면, 10만 달러는 세후 91만 3천 달러(약 9배)로 실질가치가 불어났을 것이다. 이는 물가를 감안한 명목금액으로 환산하면 훨씬 큰 금액이다.

애플(AAPL)주식은 1997년에 약 11.5센트였다. 그리고 2018년 8월에 약 216달러가 되었다. 이는 약 187,726% 상승한 것이다. 1997년에 애플주식에 천 달러를 투자했다면, 현재 약 187만 달러가 되었을 것이다. 훌륭한 주식에 장기투자를 하는 것은 놀라운 수익률을 가져다주기도 한다.

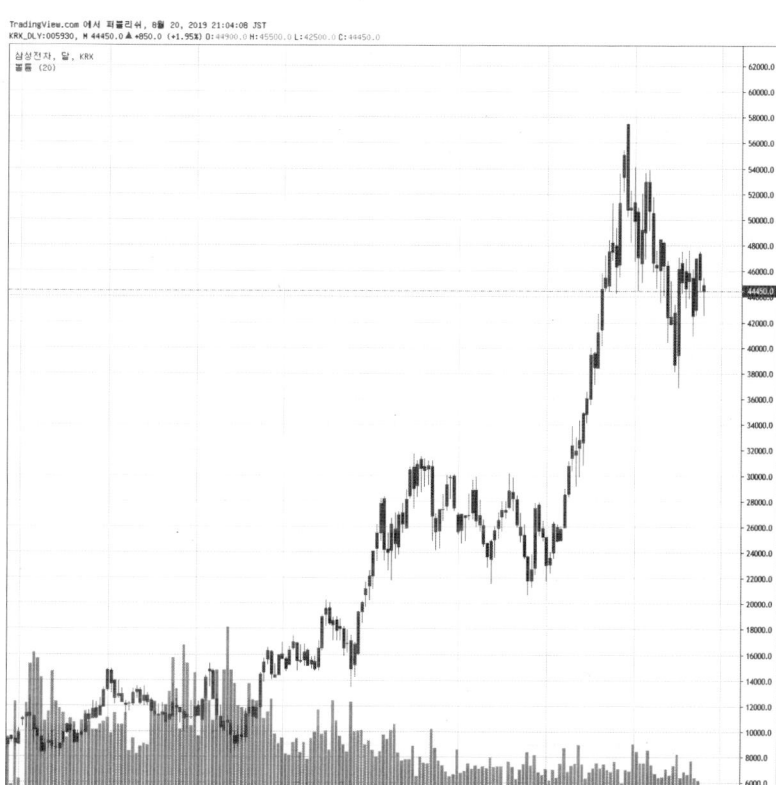

[차트 4] 2000~2018년 삼성전자 주가 추이

1. 복리의 마법

복리(compound interest)는 쉽게 말해 이자의 이자라고 할 수 있다. 100만 원에 연수익률 20%를 내면 120만 원이 되고, 거기서 또 20%의 수익을 올리면 120×1.2=144만 원이 되고, 거기서 또 20%의 수익률을 올리면 172만 8천 원, 그리고 207만 3천 600원이 된다. 연수익률 20%를 꾸준히 달성하면 약 4년 만에 100만 원이 207만 3천 600원이 된다.

단리(simple interest)로 계산하면 원금 100만 원에 대해서만 수익이 나므로, 20%×4년=80%의 수익을 올려 180만 원이 된다. 이러한 차이는 해가 갈수록 벌어진다. 100만 원의 복리수익률 20%는 10년 후 약 619만 원(이자 519만 원)이 되지만, 단리수익률 20%는 10년 후 300만 원(이자 200만 원)이 된다.

복리의 계산을 대략적으로 간단히 하기 위해 72의 법칙(The rule of 72)이라는 것이 있다. 자산이 2배가 되는 데 걸리는 기간을 계산하는 대략적인 공식으로, 월스트리트의 펀드매니저 피터 린치가 고안한 것으로 알려졌다.

> *2배가 되는 데 걸리는 기간 = 72 ÷ 수익률*

예를 들어 연수익률 20%의 경우, 72÷20=3.6으로 2배가 되는 데 약 3.6년이 걸린다는 계산이 나온다. 이는 대략적인 셈법이므로 정확하지는 않다.

복리는 비록 보기에 작은 수익률일지라도 오랜 기간 동안 쌓이고 쌓이면 큰 수익률이 되는 위력을 발휘한다. 이는 장기투자를 해야 할 좋은 이유이기도 하다. 그러나 사실 꾸준히 복리로 고수익률을 달성하는 것은 아주 어려운 일이다. 연평균 20%의 복리수익률을 달성한다면 워런 버핏에 버금가는 성과인데 이런 투자수익률을 달성하는 사람은 전 세계에서 아주 드물다.

2. 금융 위기

1997~1998년의 외환 위기, 2008년의 서브프라임 모기지론 사태로 인한 금융 위기는 금융 위기 10년 주기설이라는 말도 만들어 냈다. 하지만 2018년 현재 아직까지 금융 위기의 조짐은 없다. 금융 위기가 발생하면 일반적으로 주식시장은 30% 이상 혹은 50% 이상 폭락한다. 이러한 시기를 거치면서 주식의 장기수익률은 급감한다. 금융 위기에 어떻게 대처하는가는 장기적인 주식투자수익률에 큰 영향을 미친다.

많은 헤지펀드뿐 아니라 은행, 대기업, 중소기업들이 금융 위기 때 파산 혹은 폐쇄된다. 금융 위기에 주식을 손절할 것인가 계속 보유할 것인가는 투자자의 상황과 역량, 판단에 달려 있다. 기업의 소유주들이나 뮤추얼 펀드매니저들은 보통 금융 위기에 주식을 다 처분할 만한 처지가 아니지만, 개인투자자들은 자유롭게 선택할 수 있다.

3. 트레이딩의 기간

트레이딩도 단기적인 거래만 있는 것은 아니다. 트레이딩의 기간은 트레이더가 취하는 전략에 따라 다를 수 있다. 하지만 장기투자와의 큰 차이점은 워런 버핏처럼 평생 보유할 생각이 애초에 없는 경우가 일반적이라는 점이다.

트레이딩의 기간은 다음과 같이 나눌 수 있다.

트레이딩 종류	보유 기간
포지션 트레이딩	수개월~수년
스윙 트레이딩	수일~수 주
데이 트레이딩	당일 내로 청산
스캘프 트레이딩	수 초~수 분
고빈도 트레이딩	수 초 이내 수많은 트레이딩

[표 2] 트레이딩 기간

포지션 트레이딩은 기술적 분석이나 기본적 분석을 근거로 수개월 이상 보유하지만 공매도도 포함하는 것이 특징이다. 장기투자는 일반적으로 매수 후 보유가 전형적이라는 점에서 포지션 트레이딩과 다르다.

> **공매도**
> 자신이 보유하지 않은 주식을 파는 것. 보통 타인의 주식을 이자를 주고 빌려 판다. 주가가 하락할 것을 예상해서 하는 거래이다.

스윙 트레이딩은 기간이 짧은 만큼 기본적 분석보다 기술적 분석이 더 중시되는 경향이 강하며, 기본적 분석도 트레이딩에 활용되기도 한다.

데이 트레이딩은 일반적으로 기본적 분석의 여지없이 기술적 분석을 근거로 기계적인 매매를 하는 경우가 많다. 목표수익을 달성하거나 손절하거나 하는 경우로 트레이딩을 마무리하며, 당일 내에 청산함으로써 밤새 일어날 일에 대한 위험을 감수하지 않는다. 수수료와 세금을 제하고 나면 남는 것이 거의 없기 때문에 잦은 매매를 하게 되는데, 사람이 하기에는 힘든 거래 형태라고 할 수 있다.

스캘프 트레이딩은 아주 짧은 시간 동안만 보유하는 방식이다. 데이 트레이딩보다 시간이 짧다는 것을 제외하면 비슷하다. 기계적인 트레이딩으로 수익을 낼 수 있는 사람이 아니라면 데이 트레이딩이나 스캘프 트레이딩은 사실상 무리라고 보면 된다. 증권사에서 트레이더가 스캘프 트레이딩을 하는 경우가 있다.

고빈도 트레이딩은 컴퓨터 알고리즘매매이다. 1초에도 수십 번, 수백 번 이상 매매하는 경우도 있다. 미국에서는 기관투자자들 사이에서 일반화된 매매 형태로서 나스닥의 경우 최단 주문시간이 0.000143초밖에 걸리지 않아서 고빈도매매를 하기에 좋은 환경이다. 미국 증시에서 고빈도매매의 비중은 73%에 이른다고 한다. 하지만 고성능 컴퓨터와 네트워크 환경을 갖추는 데 큰 비용이 들고, 수익을 내는 알고리즘도 필요하므로 골드만삭스 등의 선택된 소수의 기관투자자들만이 사용하는 전략으로 알려져 있다. 알려진 수익 기법은 세 가지가 있다.

① 시장 조성(Market Making): 유동성 공급자(LP)가 옵션, ELW 등의 매도호가와 매수호가를 제시하여 호가 사이의 호가갭을 마진으로 수익을 내는 방법이다.

② 통계적 차익거래: 가치가 서로 거의 같은 증권 사이에서 가격 차이가 발생할 경우 고평가증권을 팔고, 저평가증권을 사는 방법이다. 흔히 말하는 프로그램매매 중 지수차익거래가 이와 같은 유형이다. 주가지수와 주가지수를 구성하는 현물주식 간의 가격 차이가 발생하면 매매하는 식이다.

③ 이벤트 차익거래: 신주 인수권부 사채 등이 발행될 때 주가의 괴리를 차익으로 남기는 거래 형태이다. 그런 시점에 거래가 몰리면 주가가 크게 왜곡되어 거래가 실패할 수도 있다.

> **차익거래**
> 일시적인 시장 불균형으로 가치가 거의 같은 증권 사이의 가격 차이를 이용하여 수익을 내리는 거래 행위. 예를 들면, 한국에서의 비트코인 가격이 일본에서의 비트코인 가격보다 비쌀 경우, 일본 시장에서 비트코인을 사서 한국 시장에서 비트코인을 파는 것과 같은 거래가 차익거래이다.

Tip

장기투자계좌와 트레이딩계좌는 분리해서 따로 관리하는 것이 좋다. 한 계좌에서 장기투자와 단기매매를 함께 할 경우, 실수로 장기투자 종목을 팔아 버리기 쉽기 때문이다. 10년 이상 장기투자하기 위한 계좌는 자주 확인할 필요도 없다.

성장주와 가치주

제3장
성장주와 가치주

"가격은 당신이 지불하는 것이고, 가치는 당신이 얻는 것이다."
- 워런 버핏

성장주
고성장을 하고 있는 기업의 주식. 배당보다 신규 생산 설비의 확충 등에 힘쓰는 경향이 강하다.

가치주
기업의 가치에 비해 주가가 싼 주식. 일반적으로 투자자들의 관심으로부터 소외된 기업의 주식이거나 전통 산업의 주식인 경우가 많다.

주식을 분류하는 방법 중 대표적인 것이 성장주와 가치주 분류법이다. 성장주는 성장하고 있는 기업의 주식을 뜻한다. 성장주의 대표적인 예로 아마존(NASDAQ:AMZN)이 있다. 성장주는 높은 성장률 덕에 높은 수익률을 기대할 수 있지만, 만약 성장을 멈출 경우 폭락할 수 있는 위험이 있는 경우도 많다. 왜냐하면 성장주는 일반적으로 비싸게 거래되기 때문이다. 기대하는 만큼 성장을 지속하지 못하면 그 가격은 거품이 되고, 거품이 붕괴하여 큰 손실을 볼 수 있다.

대표적인 예로 닷컴버블이 있다. 1998년과 2000년 사이 세계적으로 인터넷 붐이 일며 인터넷을 기반으로 한 사업체들의 주가가 폭등한 역사가 있다. 회사 이름에 닷컴만 붙여도 주가가 폭등하고는 하였다. 신기술에 대한 사람들의 환상과 기대감이 주가에 불을 붙였다. 코스닥시장은 과열되어 1999년 1,000포인트를 넘었다. 코스닥지수는 2000년 2,800선을 넘기고 몇 개월 후 거품이 꺼져 폭락하였으며, 1999년 나스닥 상장기업의 평균 주가수익비율(PER)은 150배에 달하기도 하였다. 당시 코스닥 기업 주식의 주가수익비율이 수백, 수천 배에 이르는 기업들도 많았는데, 인터넷이라는 신기술을 활용해 관련 기업들이 엄청난 매출을 올릴 것이라는 사람들의 환상과 꿈이 주가에 반영된 결과였다.

> **버블(거품)**
> 본질가치보다 높은 가격을 말한다. 본질가치가 3천 원인데 만 원에 거래되고 있다면 7천 원이 버블이라고 본다. 버블이 형성되는 이유는 본질가치를 측정하는 것이 아주 어렵고, 오르는 주식을 따라서 사려는 사람들이 많기 때문이다.

닷컴버블은 비록 무분별하기는 했지만 신기술기업에 대한 적극적인 투자로 혁신적인 정보 기술을 발전시키는 밑거름이 되었다. 하지만 2008년 서브프라임 모기지 사태의 원흉인 미국의 주택버블은 그저 집값이 급등했다가 떨어진 것으로 세계 경제를 나락으로 떨어뜨려 비생산적인 투자 거품으로 간주되고는 한다.

닷컴버블 당시의 기술기업 사례처럼 성장주에 대해 적정 주가를 산정하는 것은 아주 어려운 일이다. 아마존만 해도 주가수익비율이 100배가 넘는 수준으로 유지되는 편인데, 이는 회사가 1년간 내는 순이익의 100배에 해당하는 주가이다. 만약 순이익을 전부 배당하더라도 연간 배당수익률이 주가의 1% 정도인 셈이다. 더 어려운 점은 성장주는 미래에 해당 기업이 고성장을 지속할 것이라 추측하여 투자하지만, 과연 성장할지 아니면 역성장을 할지 혹은 부도가 날지 신이 아닌 이상 알 수 없다는 점이다. 미래의 성장성에 대한 추측은 보통 계산보다는 통찰력을 요구한다.

[차트 5] 페이스북 주가

만약 성장주 기업의 성장이 둔화되면 어떤 일이 일어날까. 2018년 7월 말 페이스북(NASDAQ:FB)의 주가는 하루 만에 약 19% 폭락하였고, 트위터(NASDAQ:TWTR)의 주가는 약 20% 폭락하였다. 이는 월간활성사용수(monthly active users, MAU)가 직전 분기에 비해 줄었다는 이유 때문이었다. 이는 소셜 네트워크 서비스(SNS) 업체들의 성장성에 의구심을 불러일으켰고, 바로 주가 폭락을 불러일으켰다. 하지만 페이스북의 주가는 폭락을 감안하고도 2013년 8월부터 2018년 8월까지 약 350% 정도 상승하였고, 아마존의 경우 같은 기간 동안 약 575% 정도의 높은 수익률을 내 주었다. 성장주는 높은 기대수익률과 함께 아주 큰 위험을 지니고 있다고 볼 수 있다.

줄리안 로버트슨의 타이거펀드는 1980년에 설립하여 1997년에 조지 소로스의 퀀텀펀드에 이어 세계에서 두 번째로 가장 큰 헤지펀드였다. 그런 타이거펀드가 2000년 돌연 폐쇄되었다. 타이거펀드는 닷컴버블을 끝내 외면하고 가치주투자를 고집했다. 천정부지로 솟는 기술주들을 보며 불만이 쌓인 투자자들은 타이거펀드로부터 돈을 인출하였다. 타이거펀드는 1998년의 엔화공매도로 인한 손실에 이어 1999년과 2000년에도 기술주를 외면하는 바람에 손실을 냈던 것이다.

성장주는 배당소득보다는 자본이득(주가가 올라서 올린 수익)을 기대하고 투자한다. 성장주에 속하는 주식들은 일반적으로 빠르게 확장하고 있는 산업에 속하거나, 새로운 기술이나 서비스를 개발하고 있거나 보유하고 있는 기업의 주식들인 경우가 많다.

1. 빠른 이익 성장

성장주를 찾는 한 가지 방법은 빠르게 이익이 증가하고 있는 기업을 찾는 것이다. 이는 양적 분석이고 이미 사실인 회계장부를 근거로 한다. 하지만 앞으로 얼마나 더 오랫동안 고성장할지 알 수 없다는 점은 주의하여야 한다.

2. 높은 주가상승률

성장주 중에는 급등주가 많다. 하지만 모든 급등주가 성장주인 것은 아니다. 급등주 중에는 작전주도 있고 거품 주가인 주식도 있다. 일시적인 수요와 공급에 의해 급등하는 주식일 수도 있고, 일시적인 호재에 의해 급등한 주식일 수도 있다. 그중 성장주를 고르기 위해서는 양적, 질적 분석을 통한 면밀한 기업 분석을 행하여야 한다. 그렇게 하여도 성장주를 고르기는 어렵다. 사실 기업의 사장도 1년 후 앞날을 잘 모르는 경우가 많기 때문이다.

가치주는 성장주와 거의 정반대의 개념이다. 성장성은 낮지만 기업의 순이익이나 자산가치 등에 비하여 주가가 저평가된 기업의 주식을 말한다. 일반적으로 주가수익비율(PER)이 낮거나 주가순자산비율(PBR)이 낮은 기업이 해당되는 경우가 많다. 가치주투자는 주가의 저평가가 해소되길 기다려 차익을 실현하는 스타일과 고배당을 받으며 장기투자하는 스타일 등이 있다. 성장주 기업들은 주로 자본이나 이익을 연구, 개발, 생산설비 증설 등에 재투자하는 경향이 강하므로 주주들에게 배낭을 많이 주지 않는 경향이 있는 반면, 가치주 기업들은 성장 동력이 부족해 이익을 재투자하는 대신 주주에게 배당이나 자사주매입 등으로 환원하는 경우가 많다.
가치주투자는 기대되는 수익률은 낮지만 위험도는 성장주보다 덜하다고 볼 수 있다. 하지만 꼭 그렇지만은 않다. 기업에 심각한 문제가 있어 주가가 싼 것일 수도 있기 때문이다. 그렇기 때문에 주식투자를 위해서는 투자

기업에 대해 면밀히 분석할 필요가 있다. 대표적인 가치주들은 주로 전통적인 산업군에 속하는 기업들의 주식이다. 예를 들면, 가스, 전기, 철강, 금융업종 등에 가치주들이 많은 편이며, 2002년에 대표적 가치주투자자인 워런 버핏이 포스코 지분의 약 4%를 취득하여 수년간 투자한 사례는 유명하다.

가치주는 아주 오랫동안 보유할 각오를 하고 매수해야 한다. 가치주가 저렴하다고 해서 주가가 더 떨어지지 않으리라는 보장은 없다. 가치주를 사자마자 주가가 더 떨어지고, 그 상태로 회복하지 못하고 몇 년이 지날 수도 있다. 흙 속의 진주로 생각해서 발굴한 가치주가 흙 속에 묻힌 채로 몇 년이고 오르지 못할 수 있으므로 가치주를 보유하는 것이 생각보다 고통스럽고 아주 많은 인내심을 필요로 할 수 있다. 몇 년을 보유해서 주가가 두세 배 올라 제 가치를 인정받으면 더할 나위 없이 좋겠으나 흙 속의 돌을 발굴해 놓고서는 진주로 착각하는 경우도 있을 수 있다. 가치주투자의 대가 워런 버핏이 인내심을 강조해 온 것도 이와 일맥상통한다. 가치주 투자자라면 적어도 10년은 보유할 각오로 매수할 것을 권장한다.

3. 주가수익비율

성장주와 가치주를 간단히 구분하는 데 도움이 되는 지표로서 주가수익비율(price-earnings ratio, PER)이 있다.

$$PER = 주가 \div EPS(주당순이익)$$

주가수익비율은 순이익에 비해서 주가가 얼마나 비싼지 나타내는 수치로 볼 수 있다. 일반적으로 성장주는 PER이 높게 거래되는 편이고, 가치주는 일반적으로 PER이 낮게 거래되는 편이다. 예를 들면 2018년 8월 24일 기준으로 미국의 대표적 성장주인 아마존의 PER이 173.05이고, 한국증시에서 성장주인 셀트리온의 PER은 87.48배이다. 반면, KB금융은 PER이 6.52 정도로 가치주로 보여진다. 이처럼 성장주와 가치주의 PER은 수배에서 수십 배 차이가 날 수도 있다.

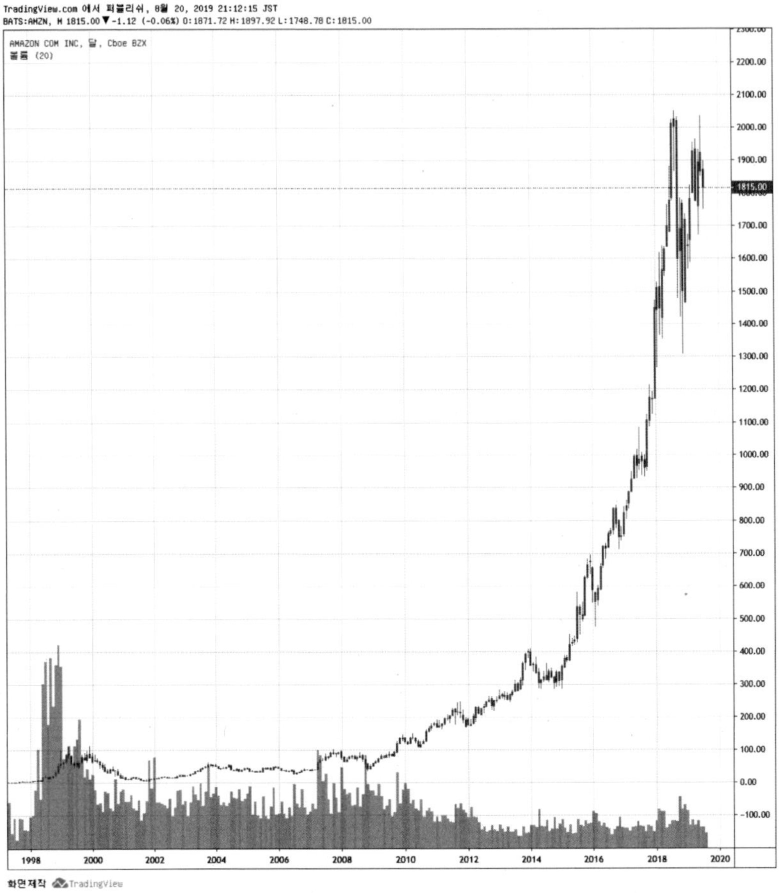
TradingView.com 에서 퍼블리쉬, 8월 20, 2019 21:12:15 JST
BATS:AMZN, M 1815.00 ▼ -1.12 (-0.06%) O:1871.72 H:1897.92 L:1748.78 C:1815.00
AMAZON COM INC, 달, Cboe BZX
볼륨 (20)
2200.00
2100.00
2000.00
1900.00
1815.00
1700.00
1600.00
1500.00
1400.00
1300.00
1200.00
1100.00
1000.00
900.00
800.00
700.00
600.00
500.00
400.00
300.00
200.00
100.00
0.00
-100.00
1998
2000
2002
2004
2006
2008
2010
2012
2014
2016
2018
2020
화면제작 TradingView

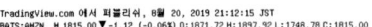

[차트 6] 아마존 주가

보수적인 투자자라면 거품일 수도 있는 성장주를 사고 싶지 않을 것이다. 실제로 닷컴버블처럼 대부분의 성장주가 허상이고 거품이 꺼지는 종말을 맞기도 한다. 반면 가치주는 이미 싸기 때문에 꺼질 거품이 별로 없다. 하지만 탄탄한 기업인지 망해 가는 기업인지는 분석할 필요가 있다. 망해 가는 기업이라면 현재 주가가 싸 보여도 앞으로 점점 더 싸지거나 아예 부도가 날 수도 있기 때문이다.

① 후행 PE(trailing PE): 이미 발표된 실적을 기반으로 계산된 주가수익비율
② 선행 PE(forward PE): 분석기관의 예상 실적을 기반으로 계산된 주가수익비율

후행 PE는 사실이고, 선행 PE는 추정치이다. 1900년부터 2005년 사이의 미국 주식의 평균 PER은 대략 14 정도로 알려져 있다.

4. 주가순자산비율

주가순자산비율(price-book ratio, PBR)은 기업의 순자산(대출을 제외한 자산)에 비해 주가가 얼마나 비싼지 나타내는 수치이다.

$$PBR = 주가 \div BPS(주당순자산)$$

순자산은 자산에서 부채를 차감한 후의 금액이다. 이는 회사의 장부가치로서 회사 청산 시 채권자와 주주가 돌려받을 수 있는 대략적인 금액이라고 할 수 있다. PER과 달리 PBR은 적자기업에도 적용될 수 있다.

PBR이 1 미만이면 주가가 회사의 청산가치보다도 싸다는 의미이므로 주가가 저렴하다고 해석할 수도 있다. 그렇지만 적자기업이라면 PBR이 1 미만이더라도 주가가 꼭 저렴하다고 볼 수 없다. 적자로 인해 회사의 순자산이 감소할 것이기 때문이다.

가치주를 발굴하는 투자자들은 회사의 순자산 중에 장부가치가 실제 가치보다 저평가되었는지 면밀히 조사하기도 한다. 그리고 주식회사 측에서도 자산재평가를 실시할 때도 있다. 회계장부에 자산의 실질가치를 반영하기 위함이다.

5. 대박 상품

　어려운 주식 용어나 전문 지식을 제쳐 두고 상식에 기반하여 주식투자에 성공하는 방법은 대박 상품의 주식을 분석하는 것이다. 이는 가끔 있는 큰 투자 기회로서 누구나 생각할 수 있는 방법이다.
　한국에서 노스페이스 패딩 붐이 일었고, 이에 따라 노스페이스 생산 업체인 영원무역(111770)의 주가도 고공행진하였다. 주가는 2009년부터 약 5년간 몇 배 상승하였다.

[차트 7] 영원무역 주가

다른 예로 애플의 아이폰이 있다. 2009년 말 한국에도 아이폰 3GS가 출시되면서 폭발적인 아이폰 붐이 일며 스마트폰 시대가 개막되었다. 아이폰의 후속 제품들이 연속으로 성공하리라는 것은 사실 미리 알 수 없는 것이지만, 애플의 후속 제품들은 계속해서 홈런을 터뜨렸고, 애플의 주가는 2009년부터 2018년까지 장기적으로 고공행진을 거듭하여 몇 배나 올랐다.

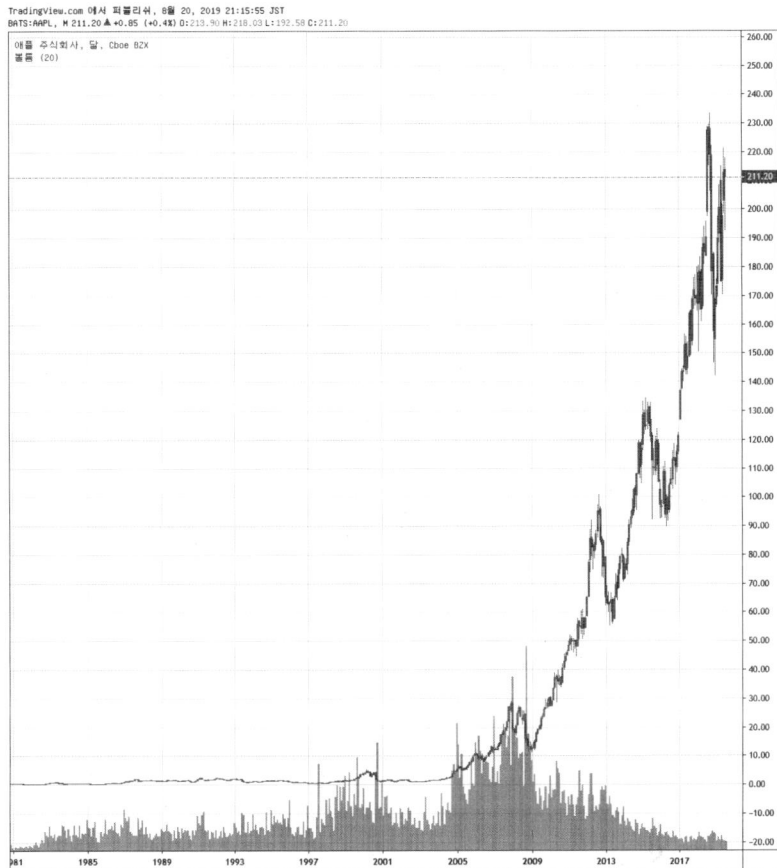

[차트 8] 애플 주가

또 다른 예로는 JYP Ent.(035900)의 트와이스가 있다. 트와이스라는 걸그룹이 대박을 쳤고, 얼마 후 일본에 진출하자 일본에서도 대박을 쳤다. 2015년 8월 31일 3천 790원이었던 JYP 엔터테인먼트의 주가는 2018년 10월 5일 현재 3만 7천 850원에 마감하였다.

이처럼 대박 상품은 회사에도 주주에게도 큰 수익을 안겨 준다. 복잡한 분석 없이 상식만으로 큰 투자수익을 올릴 수 있는 것이다. 하지만 사실 이러한 상황을 정확히 파악하고 과감히 투자하는 결단을 실행에 옮기는 것은 어려운 일이다. 운이 나쁘면 돌발 악재로 주가가 갑자기 곤두박질칠 수도 있다.

6. 가치주

가치주는 저평가된 가격에 거래되고 있는 주식이므로, 사람들의 관심으로부터 소외된 종목일 가능성이 높다. 이러한 주식들은 움직임이 따분하고, 전통적인 산업이라 큰 성장에 대한 기대가 없으며, 첨단 기술과는 거리가 멀다. 투자기관들도 관심이 없으며, 펀드에 편입시키기에는 너무 작은 소형주 중에 있을 가능성이 높다. 삼성전자 같은 전 세계의 관심을 받는 기업의 주식은 저평가되게 놔둘 가능성이 아주 낮기 때문이다. 그러나 사람들의 관심에서 소외된 가치주들 중에 내부인들은 그 가치를 알고 있는 경우들이 있다. 그래서 내부자들이 사 모으는 가치주를 눈여겨 볼 필요가 있다.

성장주를 고르는 안목은 재무제표보다 미래에 대한 통찰력이 큰 비중을 차지한다면, 가치주를 고르는 안목은 좀 더 객관적이며 현재에 대한 비중이 높다. 예를 들면, 알짜 부동산기업의 경우 부동산의 가치를 평가하여 주가가 너무 싼지 판단할 수 있다. 워런 버핏도 가치주를 고를 때 재무제표를 면밀히 분석한다고 한다.

성장주를 찾는 것도, 가치주를 찾는 것도 부지런해야 한다. 재무제표를 보든 질적 분석을 하든 기업 하나하나에 대해 검토하는 것은 시간과 노력이 많이 들어간다. 그래서 개별 주식에 대한 투자를 하는 경우 불로소득이라는 생각보다 분석하는 데 노동력이 많이 들어간다는 생각이 들 수도 있다. 개별 주식에 대한 분석은 주식형 펀드운용자들의 주요 업무이기도 하다. 그러므로 이러한 노력을 원치 않는 사람들은 펀드에 투자하는 것이 여러모로 간편하다.

7. 배당주

배당주는 적어도 기업이 자산이 많거나 흑자를 내고 있는 기업의 주식일 가능성이 아주 높다. 그러므로 배당주는 부실기업을 피하는 방법 중 하나가 될 수도 있다. 물론 미래에 업황이 급작스럽게 바뀌어 배당을 못 주는 경우가 생기더라도, 적어도 현재에는 배당을 지급할 여유가 있는 기업인 경우가 대부분이기 때문이다.

배당을 많이 하는 기업들은 성장주가 아닐 가능성이 높다. 한창 성장 중인 기업들은 투자금이 많이 필요한 경우가 많다. 고성장기업들은 공장을 증설한다거나 신규 채용을 해서 회사의 규모를 키운다거나 연구 개발비로 큰 금액이 지출된다거나 하는 식으로 배당 대신 재투자를 선호하는 편이다. 마이크로소프트(MSFT)는 1986년 상장 이후 2003년 첫 배당을 실시하였다. 덩치가 커진 마이크로소프트사가 잉여 현금을 투자할 만한 큰 신규 투자처를 찾지 못했을 가능성이 높다.

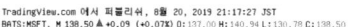

[차트 9] 마이크로소프트 주가

제3장 성장주와 가치주

주식기초부터 헤지펀드까지

주식
투자
안내서

4

개별주와 포트폴리오

제4장
개별주와 포트폴리오

"다변화는 무지에 대한 보호 수단이다.
무엇을 하고 있는지 아는 사람들에게는 별 의미가 없다."

- 워런 버핏

주식투자가 어려운 점 중 하나는 기업을 면밀히 분석하는 작업이다. 한 개의 기업을 철저히 분석하는 것도 개인으로서는 거의 불가능에 가까운 일인데 많은 기업들을 분석하는 것은 긴 시간과 많은 노고가 들어가는 일이다. 개별주투자를 하는 사람들은 일반적으로 개인투자자들이며, 하나의 기업에 대한 정보를 잘 알거나, 급등주를 쫓아 매매하는 경우가 많을 것이다. 코스피지수가 오랫동안 횡보하는 동안 옥석을 가려내어 높은 수익률을 내는 종목투자로 초과 수익을 내었다면 훌륭한 성과라고 볼 수 있다. 예를 들면 2013년 8월부터 2018년 8월까지 5년간 코스피200지수를 추종하는 KODEX200 ETF가 약 17% 상승하는 동안 셀트리온(코스피:068270)은 약 290% 상승하였다. 편입하는 종목수가 많을수록 코스피나 코스닥 주가지수에 근접한 수익률을 낼 가능성이 높아질 것이라고 추측할 수 있으므로, 높은 수익률을 기대하는 개별 종목을 하나 혹은 소수 선별해 집중투자하려는 유혹이 커지기 마련이다. 또한, 그런 능력을 주식 투자 고수의 능력으로 간주하기도 한다.

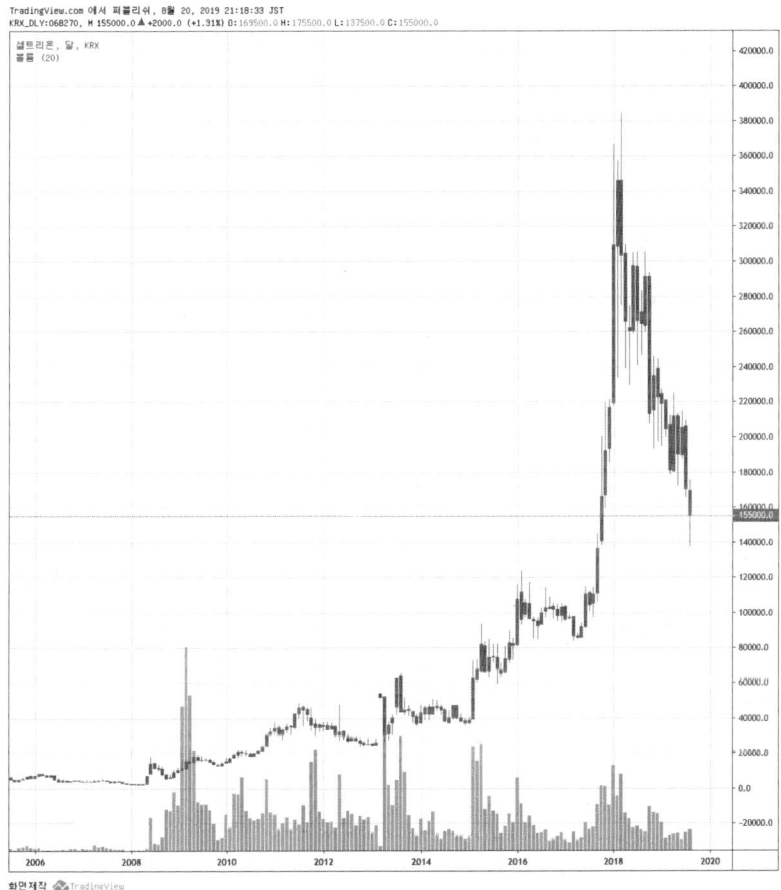

[차트 10] 셀트리온 주가

하지만 개별주 집중투자 또는 소수종목투자에는 함정이 있다. 고수익을 추구하는 만큼 큰 위험을 감수하는 것이다. 철저히 분석했다고 생각했던 기업이 알고 보니 분식회계를 하고 있었다거나, 어느 날 갑자기 부도가 나거나 상장폐지되는 경우도 가끔 일어난다. 그런 일이 일어날 경우 투자자산이 반토막 난다거나 큰 손실을 입을 수 있다. 그러한 위험을 줄이기 위해 기관투자자들은 많은 종목에 투자하게끔 운용 규칙을 정하고 투자에 임한다.

펀드 중에 주식 한 종목에 집중투자한다는 펀드는 본 적이 없을 것이다. 하나의 주가지수에 투자하는 펀드들은 많지만 주가지수에 투자하는 것은 수많은 종목들의 평균에 투자하는 것이므로 한 종목이라고 볼 수 없다. 많은 종목에 투자하는 것은 개별 종목에 투자하는 것보다 변동성을 줄이고, 개별 기업의 부도로 인한 손실도 줄여 주며, 한 기업에 문제가 생기거나 적자전환하는 등의 다양한 악재로부터 손실을 줄여 준다.

2017년 헤지펀드들이 1% 투자법[3]으로 가상 화폐를 운용 자산의 1% 이내로 편입시켰다고 한다. 비트코인이 몇 배 오르면 한 자릿수의 n%의 수익률을 올리게 되고, 비트코인이 반토막 나도 전체 운용 자산의 0.5%만 손실이 나는 구조인 셈이다.

---

[3] '비트코인도 헤지펀드 '1% 투자법' 먹잇감', 연합뉴스, 2017년 8월 22일

1. 포트폴리오

1952년 해리 막스 마코위츠(Harry Max Markowitz)가 〈포트폴리오 선택(portfolio selection)〉이라는 논문을 발표하였다. 이 이론은 포트폴리오의 기대수익률과 위험에 대한 것이다. 이 이론에 따르면 기대수익률은 각 투자 대상의 가중합(weighted sum) 또는 쉽게 같은 비중일 경우 평균치이고, 위험은 각 투자 대상의 상관관계가 작을수록 가중합 대비 작아질 수 있다. 상관관계가 낮은 투자 대상들로 포트폴리오를 구성하면 위험 대비 수익률을 높일 수 있다는 말이다. 이런 식으로 위험이 줄어드는 것을 포트폴리오 효과(portfolio effect)라고 한다. 셀트리온 같은 개별주투자보다 수익률은 낮아질 가능성이 높지만, 위험은 확실히 줄일 수 있는 것이 포트폴리오투자라고 할 수 있다.

뮤추얼펀드나 ETF에 투자하는 것은 훌륭한 포트폴리오투자이다. 당신 대신 펀드매니저가 개별 종목들을 골라 포트폴리오를 구성해서 투자해 준다. 대신 더 많은 수수료와 세금을 내야 한다.

개별 종목에 투자하는 투자자들은 아마도 펀드보다 더 높은 수익률을 바라는 투자자들일 것이다. 소수의 종목에 투자할수록 변동성이 큰 경향이 있다. 하나의 종목에 투자하면 전일 종가 대비 +30%에서 -30% 범위 내의 움직임에 노출되지만, 여러 종목에 투자하면 변동 폭이 평균값이 된다. 손실이 날 때도 변동 폭이 줄어들 가능성이 높지만, 수익이 날 때도 수익이 평균값으로 줄어든다.

2. 위험

투자에서 위험(risk)은 일반적으로 변동성으로 나타낸다. 변동성이 크면 오르는 폭도 크지만 떨어지는 폭도 크므로 위험이 크다고 할 수 있다. 변동성은 표준편차라는 수치로 대략적으로 나타낸다. 표준편차가 클수록 투자 대상의 변동성이 크므로 큰 손실을 입을 수 있다.

급등주의 경우 급등한 만큼 하락할 때 크게 하락할 수 있다. 그러므로 급등주 중에는 변동성이 큰 주식들이 많다. 성장주나 급등주로부터 고수익을 기대할 때는 그만큼 하락의 폭도 클 수 있다는 위험을 인지하여야 한다.

3. 위험조정수익률

위험조정수익률(risk-adjusted return)을 측정하는 수치는 여러 가지가 있다. 대표적으로 샤프지수(Sharpe ratio), 트레이너지수(Treynor ratio), 정보비율(information ratio) 등이 있다. 일반적으로 위험을 변동성으로 정의하며, 위험대비수익률은 수익률 나누기 변동성으로 생각하면 이해하기 쉽다. 변동성이 크다는 건 폭락할 가능성도 크다는 뜻이기 때문이다. 펀드를 고를 때 샤프지수, 트레이너지수, 정보비율 등 위험조정수익률의 수치가 높은지 참고하는 것도 좋다. 하지만 이러한 수치들은 과거의 데이터에 기반한 정보이므로, 앞으로도 계속 높은 성과를 낸다는 보장이 없으므로 주의하여야 한다.

4. 베타계수

주식의 베타계수는 주가지수에 대한 개별 주식의 민감도를 나타낸다. 베타계수가 1이면, 평균적으로 주가지수와 같은 비율로 움직여 왔다는 뜻이다. 하지만 어떤 주식의 베타계수가 0.5라면, 주가지수가 -1%일 때, 그 주식은 평균적으로 -0.5% 변화해 왔다는 것을 나타낸다. 베타계수는 과거의 주가 움직임에 대한 데이터이므로 미래에도 꼭 지켜지지는 않는다. 변동성을 낮춰 위험을 완화하고 싶은 투자자들은 베타계수가 낮은 주식을 선택하기도 한다.

5. 시장 위험

개별주 각각에 대한 위험은 여러 주식을 보유함으로써 완화할 수 있다. 특히 포트폴리오 이론에 따라 서로 연관성이 낮은 주식들을 보유할수록 위험대비수익률이 높아진다. 하지만 포트폴리오를 구성하여도 시장 위험은 피할 수 없다. 시장 위험은 체계적 위험이라고도 하며, 나라나 세계 경제에 위기가 닥쳤을 때 시장 위험이 커진다. 예를 들면, 2008년 서브프라임 모기지 사태로 인한 글로벌 경제 위기가 큰 시장 위험이었고, 대부분의 주식이 크게 하락하였다.

시장 위험에 대응하는 방법은 여러 가지가 있다. 기준을 세우고 손절(stop loss)하는 것이다. 기관투자자들 중에는 일반적으로 10~20% 사이의 손실이 나면 청산하는 투자자들이 많다. 손절의 문제점은 시장 위험이 더 악화될지 아니면 완화될지 그 당시에 파악하는 것이 아주 어렵다는 점이다. 많은 월가의 투자전문가들도 셀 수 없이 틀리는 것을 그들의 인터뷰를 통해 알 수 있다.

시장 위험에 대응하는 두 번째 방법은 워런 버핏처럼 그냥 계속 보유하는 것이다. 몇 년 혹은 10년 후에 시나고 보면 주가가 회복될 수도 있지만, 워런 버핏처럼 우량주를 잘 고를 줄 알아야 한다는 점이 어려운 점이다. 또한 경제 위기의 경우 회복하는 데 6개월에서 수년이 소요되는데, 그동안 주식을 매도하면 큰 손해를 봐야 하기 때문에 현금화하지 못하고 돈이 묶인다는 점과 손해에 의한 정신적 고통이 엄청날 수 있다는 점이 어려운 점이다. 시장이 회복되기까지 인내하기는 어렵지만 시장의 타이밍을 잡을 필요가 없다는 점은 장점이다.

주식기초부터 헤지펀드까지

주식투자안내서

5

기업 분석

제5장

기업 분석

"당신이 이해하는 것에 투자하라."

- 워런 버핏

    기업을 분석하는 방법은 보통 두 가지로 분류된다. 질적 분석과 양적 분석이다. 질적 분석은 기업의 경영진, 사업 분야, 경쟁력, 수익 구조, 전망, 산업의 속성, 연구 개발력 등 질적인 면을 분석하는 것이다. 양적 분석은 주로 재무제표와 투자지표 등의 수치를 분석하는 것이다. 주식투자를 함에 있어 질적 분석과 양적 분석은 모두 중요하다. 부채비율, 이자보상배율 등의 수치들을 살펴보는 양적 분석은 기업이 혹시나 부채를 갚지 못하여 부도가 날 상황인가를 보거나, 매출증가율, 순이익증가율 등을 확인해 과거 성장률을 확인하는 데 유용하다. 양적 분석을 잘하기 위해서는 재무제표 보는 방법, 기업회계, 투자지표 보는 방법 등을 익힐 필요가 있다.

    양적 분석은 재무제표가 공개되어 있으니 개인투자자도 쉽게 접근할 수 있지만, 질적 분석은 개인투자자가 쉽게 얻을 수 있는 정보가 많지 않아서 제한적이다. 경영진의 능력과 신뢰성, 추진력 등 많은 속성 등은 그저 소문이나 뉴스에 실린 이력 등을 통해 파악하기 어려운 부분이며, 기업의 모든 제품, 서비스군과의 수익 구조를 파악하는 것도 사실 내부 관리자들이 아닌 이상 파악하기 쉽지 않다. 질적 분석은 주로 해당 기업의 종사자나 같은 산업군에 속한 기업의 종사자가 외부인보다 잘 아는 경향이 있다. 예를 들면, 증권업종사자가 증권회사의 수익 구조와 사업 현황 등을 외부인보다 좀 더 잘 알고 있을 것이다.

양적 분석이 과거와 현재의 수치만을 볼 수 있는 것과 달리, 질적 분석은 미래 전망에 대한 통찰력을 얻는 데 더 유용하다. 펀드 판매 서비스를 시작하는 증권회사는 펀드 판매를 통해 기존의 주식매매수수료에 더해 추가적인 매출과 이익을 얻을 수 있다. 이런 정보는 재무제표의 수치에는 나타나지 않지만, 미래의 성장성을 짐작하게 해 주는 중요한 질적 정보이다.

보통 외부 개인투자자들은 질적 정보를 주로 뉴스 등을 통해 기업에서 공개한 내용과 지인을 통해 들은 정보, 자신의 업계종사나 제품과 서비스 이용자로서의 경험 등을 통해 얻는다. 예를 들면 아이폰 3GS가 전 세계적으로 히트를 치기 시작했을 때, 사용자들은 그 품질에 반해 아이폰 시리즈의 성공을 기대하며 애플(NASDAQ:AAPL)주식에 투자할 수 있었을 것이다. 또는 스티브 잡스의 경영 능력과 제품 디자인 능력, 철학에 대한 믿음으로 애플주식을 샀을 수도 있을 것이다. 이런 경우들은 재무제표에 나타나지 않는 질적 정보를 분석하여 투자에 활용한 경우이다.

투자할 기업을 선정함에 있어 중요한 점은 앞으로 매출액과 이익이 늘어날 제품이나 서비스를 갖고 있거나 개발하고 있는가 하는 점이다. 사실 이것은 분석하기 쉽지 않은 문제이다. 앞으로 제품이나 서비스의 인기가 얼마나 지속될 수 있을지와 얼마나 더 많이 팔릴지 판단하는 것은 쉽지 않다. 휴대폰이 처음 세상에 나왔을 때 삼성전자(KOSPI:005930)가 앞으로의 성장 동력으로서 대규모 연구 개발비를 과감하게 투자하여 휴대폰을 개발하여 판매한 것은 대부분의 사람들이 유선전화 대신 휴대폰을 지닐 것이라는 통찰력에 기인한 결정이다. 아마존은 미래 계획을 미리 세워 두고 아마존 웹 서비스(AWS) 등의 새로운 서비스를 개발하여 추가해 왔다. 다행히 아마존이나 삼성전자는 새로운 제품과 서비스를 연구, 개발하여 크게 성공하였지만 많은 경우에는 새로운 제품을 개발하여 판매하더라도 실패로 끝난다.

장기투자 시 중요시하는 기준을 아래에 소개한다.

- 이해할 수 있는 사업인가: 식음료 업체나 화장품 업체 같은 이해하기 쉬운 사업은 뉴스를 해석, 판단하고 대응하기가 쉬운 반면, 첨단 기술 업체는 사업 구조와 업황을 이해하기 어려워 혼란에 빠지고 오판하기 쉽다.
- 높은 성장성을 보이는가: 매출액과 순이익이 꾸준히 늘어나는 기업은 일반적으로 향후 주가나 배당금으로 보답한다.
- 수익성이 좋을 뿐 아니라 텔레비전 광고를 통해 브랜드 파워를 유지하고 있는가: 흑자를 내면서 텔레비전 광고까지 하고 있는 업체들은 경쟁력이 우수한 기업들이라고 간주한다.
- 부채비율이 과도하지는 않는가: 경제 위기나 사업상 위기 시에 부도가 나지 않으려면 부채비율이 낮고 가용 현금이나 현금 흐름이 좋아야 한다.
- 업계 1위 업체인가: 업계 1위를 유지하는 것은 쉽지 않으므로 절대적인 것은 아니다. 하지만 우량기업이자 영업이익률이 높은 기업일 가능성이 높으며, 우수 인력들이 업계 1위 업체로 몰리는 경향이 있으므로 업계 1위 업체에 좀 더 높은 점수를 준다.

줄리안 로버트슨의 종목 선정 기준을 소개한다.

- 경영진이 유능할 것
- 정부 규제로부터 자유로울 것
- 높은 성장성
- 과거의 수익 기록이 양호할 것
- 독과점기업 선호
- 성장산업에 부품을 공급하는 기업 선호

1. 시가총액

　시가총액은 주가를 상장주식수로 곱한 값이다. 주식의 가격이 싸다 비싸다를 판단하는 기준으로서 주가만 봐서는 판단이 불가능하다. 주가가 비싼지 판단하는 데 실제로 중요한 것 중 하나는 시가총액이다. 그 기업의 시장가치는 주가가 아니라 시가총액으로 매겨진다고 할 수 있다. 2018년 8월 28일 종가 기준으로 삼성전자의 주가는 4만 6천 550원이고, LG전자의 주가는 7만 3천 700원이다. 하지만 시가총액으로는 삼성전자가 298조 8천 196억 원이고, LG전자는 12조 608억 원이다. 주가는 LG전자가 비싸 보이지만 시가총액은 삼성전자 쪽이 LG전자보다 약 24.77배 크다. 그러므로 주가만 보고 LG전자가 삼성전자보다 비싸다고 판단해서는 안 된다.

2. 부채비율

　부채비율이란 부채총액을 자기자본으로 나눈 비율이다. 일반적으로 100% 이하가 좋으며, 200% 이상이면 기업이 위기에 빠졌을 때 큰 곤경에 빠질 가능성을 염두에 두어야 한다. 《주식의 역사(장진모, 2004)》에 따르면 1997년 외환 위기 당시 기아의 부채비율은 521%, 한신공영은 661%, 한보는 2,066%, 진로는 4,167%였다고 한다. 이러한 과도한 부채비율은 회사의 자산을 다 팔아도 빚을 못 갚는다는 걸 나타낸다.

　1997년 외환 위기 당시에 과도한 부채비율을 가진 중소기업뿐 아니라 대기업들이 차례로 쓰러졌다. 한보철강이 5조 원의 차입금을 갚지 못해 부도가 났고, 삼미그룹, 진로, 대농, 한신공영이 차례로 쓰러져 대마불사론의 종말을 고했다. 부채 10조 원이던 기아자동차는 부도가 날 뻔하였으나 부채 유예 및 법정 관리로 마무리되었다.

　부채비율이 과도한 기업은 만기에 부채원리금을 갚지 못해 부도가 날 위험을 안고 있으므로 주의해야 한다. 또한, 기업을 청산해도 부채를 갚지 못할 경우, 주주에게 상환되는 돈이 1원도 없을 수 있다는 점을 유념해야 한다. 일반석으로 부채 상환 권리는 채권자가 가상 높은 순위이다.

　부채비율이 높은 것이 꼭 나쁘지만은 않다. 기업이 망해 가고 있는 상황이라면 최악의 경우일 수 있지만, 흑자 경영을 하는 상황에서 부채비율이 높은 기업 중에 레버리지 효과를 기대할 수 있는 기업들도 있다. 이런 경우는 회사의 성장 폭이나 이익률이 큰 경우도 있으니 꼭 무차입 경영만이 최고인 것은 아니라고 말할 수 있다. 부채비율이 높은 기업들의 경우 호황기에는 성장률이 아주 높다가 불황이 닥치면 구조조정을 해야 할 정도로 회사가 망가지는 경우도 많으니 투자에 유의해야 한다.

3. 이자보상배율

　이자보상배율은 기업의 영업이익을 이자 비용으로 나눈 비율이다. 이자보상배율이 1 이상이어야 기업이 벌어들인 돈으로 이자를 갚을 수 있다는 뜻이다. 만약 이자보상배율이 1 미만이면 잠재적인 부실기업이므로 주의가 요구된다. 이자도 갚지 못하면, 결국 회사의 자산을 팔지 않으면 원금도 갚지 못한다는 뜻이다. 이는 잠재적인 부도 가능성을 내포한다고 볼 수도 있다. 이런 상황이 일시적이라면 상관이 없겠으나 지속적이라면 문제가 된다.

4. 당좌비율

　당좌비율은 당좌자산을 유동부채로 나눈 비율로서, 당좌자산은 현금, 예금, 외상매출금 등과 같은 단기간에 현금화할 수 있는 현금성자산이다. 유동부채는 1년 이내에 상환해야 하는 채무이다. 그러므로 당좌비율은 단기적으로 부채를 갚을 능력이 있는지 확인하는 데 참고하는 지표이다. 당좌비율은 100% 이상이 되어야 당장 문제가 없는 양호한 상태로 평가할 수 있다.

5. 시가배당률

> **시가배당률 = 배당금 ÷ 주가 × 100(%)**

시가배당률

배당금을 주가로 나눈 것. 주식을 샀을 때 직전의 배당금을 기준으로 한 배당수익률이다. 직전 결산 1년 배당금이 천 원인데, 주가가 만 원이라면, 시가배당률은 10%가 된다. 시가배당률이 높은 기업의 주식은 고배당주라 하는데, 이익을 주주에게 배당하는 성향이 큰 기업들의 주식이다.

시가배당률은 기업이 이익이나 현금성자산을 주주에게 환원하는 배당금이 주가에 비해 몇 %인지를 나타내는 수치이다. 만 원짜리 주식이 주당 500원을 배당한다면 시가배당률은 5%인 셈이다. 주가가 떨어지지 않는다면 현재 2% 수준의 은행 정기예금 금리보다 훨씬 높은 이자를 받을 수 있는 것이다.

회사가 안정적이고 시가배당률이 높다면, 주가가 출렁이는 것을 감수하고도 배당주투자를 하는 투자자들이 꽤 많다. 주가가 떨어져도 시가배당률만큼은 방어가 되는 셈이고, 주가가 오르면 보너스 수익을 올리는 셈이다. 하지만 배당률이 높은 기업들은 일반적으로 신규투자할 곳이 없는 성장성이 떨어지는 기업들인 경우가 많다.

시가배당률이 높은 수준으로 계속 유지될 수 있는가 하는 것은 회사가 꾸준히 비슷한 수준의 이익을 낼 수 있는가와 관련이 크다. 만약 사업 구조나 외부 환경에 의해 이익이 떨어질 경우 배당금도 작아지기 마련이다. 반대로 사업이 번창할 경우 주식을 장기보유하면 오히려 배당금이 커지기도 한다. 일례로 삼성SDS의 경우 2017년 750원이던 배당금을 2018년 2천 원으로 올려 지급하였다. 만약 2017년에 샀던 주식을 계속 보유했다면 원금 대비 배당금이 2배 이상 오른 것이다.

6. 매출액 증가율

 전분기 대비 매출액 증가율은 과거의 사실이다. 하지만 한동안 앞으로 매출이 꾸준히 늘어날 것이라고 예상한다면 의미 있는 수치이다. 원가 절감으로 이익률을 높이는 것은 한계가 있다. 이익률이 감소하고 있지 않다면 중요한 것은 매출액이 늘어날 것인가이다. 물론 이 수치만으로는 앞으로 매출이 늘어날지를 알 수 없지만, 기업을 면밀히 분석한다면 판단이 가능한 경우도 있다.
 아마존은 순이익률은 낮았지만 20년 이상 장기적으로 큰 폭의 매출 성장을 지속해 왔다. 투자자들은 아마존이 적자를 볼 때도 믿음을 가지고 아마존주식을 비싼 가격에 사서 보유하고는 하였다.

7. 영업이익률

> 영업이익률 = 영업이익 ÷ 매출액 × 100(%)

　영업이익률은 매출액 대비 영업이익의 비율을 나타내는 수치이다. 즉, 물건이나 서비스를 팔아서 남는 돈이 얼마나 많은지 보여 준다. 일반적으로 우량기업들의 영업이익률이 높은 편이다. 이는 고객들이 비싼 돈을 지불하고도 해당 기업들의 제품이나 서비스를 구매한다고 해석할 수 있다. 예를 들면 2018년 2분기 삼성전자의 영업이익률은 25.4%로 LG전자의 영업이익률 5.22%보다 훨씬 높았다. 영업이익률이 높으려면 원가 대비 제품 가격이 높아야 하는데, 보통 비싼 가격에도 소비자들이 사거나 원가 절감을 잘해서 가격경쟁력을 확보했거나 둘 중의 하나를 만족하는 경우가 대부분이다.

　영업이익률은 회사가 사업이나 경영을 얼마나 잘하는지 혹은 업황이 얼마나 좋은지를 가늠할 수 있는 지표이기도 하지만 업종의 특성상 원가 구조가 다른 경우도 많다. 예를 들면 셀트리온 같은 바이오시밀러 제약기업의 경우 제품원가의 비중이 낮은 편이라 영업이익률이 50%에 달했다. 소프트웨어기업인 엔씨소프트의 경우 영업이익률이 36%에 달했다. 이런 엄청난 영업이익률은 업종의 특성상 원가 비중이 아주 낮기 때문에 달성이 가능한 것이며, 단순히 경영을 잘해서 달성할 수 있는 수준은 아니라고 볼 수 있다. 시장조사 업체 IHS마킷에 따르면 갤럭시 S9 플러스의 부품 원가 40만 원 정도로 추정된다고 한다. 해당 제품의 판매가가 약 90만 원 정도인데 연구비, 인건비, 기술 라이선스료, 생산 비용, 유통 마진, 마케팅 비용 등을 제하면 영업이익률이 50% 수준에 육박하기는 불가능에 가까운 것이라고 추측할 수 있다.

   영업이익률이 아주 높은 것이 꼭 좋은 것만은 아니다. 영업이익률이 극에 달하면 다시 감소할 가능성도 높기 때문이다. 그러니 영업이익률이 아주 높다고 해서 섣불리 투자하기보다 종합적으로 분석해서 판단해야 한다.

[차트 11] 엔씨소프트 주가

8. 현금 흐름

　영업현금 흐름은 영업 활동으로 인한 현금 흐름이다. 회사의 영업 분야인 제품이나 서비스를 판매하여 영업이익이 실제 현금으로 얼마나 들어왔는지 나타낸다. 지분법평가나 감가상각비 같은 장부상 손익은 제외하고 실제 현금의 유출입을 나타내므로 아주 중요하다. 투자현금 흐름은 투자 활동으로 발생한 현금 흐름이다. 공장을 짓거나 자사주를 매입하거나 하면 투자현금 흐름이 마이너스이므로 나쁜 것은 아니다. 자산을 팔면 투자현금 흐름이 플러스가 되므로 오히려 상황이 좋지 않은 경우도 있다. 재무현금 흐름은 차입을 하거나 유상증자 등을 통해 돈이 들어오면 플러스이고, 차입금을 상환하거나 자사주 취득 또는 배당금 지급에 돈을 쓰면 마이너스가 된다. 현금 흐름표에서 '현금 및 현금성자산의 증가'는 영업 활동 현금 흐름, 투자 활동 현금 흐름, 재무 활동 현금 흐름을 모두 더한 값으로 실제 기업의 현금 증감을 나타낸다.

　현금 흐름은 회계 장부상에 실제로 현금이 들어오거나 나간 수치를 기록한 수치이다. 영업현금 흐름을 확인하면 영업이익이 실제 현금으로 회사에 들어왔는지 알 수 있다. 만약 매출이 발생했는데 어음으로 받아서 아직 현금화하지 못했거나 판매 계약만 하고 대금 지급은 수개월 후인 경우, 영업현금 흐름이 발생하지 않으므로 회사는 실제로 돈을 못 벌고 있는 상황일 수 있다. 회사의 부채비율이 높은 데다 현금 흐름마저 좋지 않을 경우 흑자부도가 나는 경우도 있다.

9. 자기자본이익률

자기자본이익률(return on equity, ROE)은 자본에 비해 얼마나 많은 이익을 올리고 있는가를 나타내는 비율이다. 자기자본이익률은 자본을 얼마나 효율적으로 활용하여 이익을 많이 올렸나 측정하는 경영 효율성을 추정하는 데 사용하는 지표라고 할 수 있다. ROE는 또한 워런 버핏이 중요시하는 투자지표로도 알려져 있다.

ROE는 같은 산업군에 속한 기업들 간에 비교하는 것이 유의미하다. ROE가 높은 기업들이 경영을 효율적으로 한다고 볼 수 있다. 엔씨소프트의 경우 2018년 4분기 ROE가 15.77이었지만 넷마블의 경우 6.83이었다. 이는 엔씨소프트가 자본을 좀 더 효율적으로 사용해 이익을 더 많이 낸다고 해석할 수 있다. 쉬운 말로 하면 ROE가 높은 기업들은 사업을 잘 한다고도 표현할 수 있다. 그러니까 장기적으로 투자할 만한 가치가 있는가 판단하는 데 유용한 지표라고 생각할 수 있다.

10. 내수와 수출 비중

주식에 대한 투자 정보를 잘 살펴보면 해당 기업의 수출과 내수 비중이 나와 있는 경우가 많다. 수출 비중이 높은 기업들은 환율에 민감하다. 원화가 싸지면 수출이 늘어나는 경향이 있고, 원화가 비싸지면 수출이 줄어드는 경향이 있다. 요즘 해외 직구 경험이 많은 분들은 쉽게 공감이 갈 것이다. 그리고 수출 비중이 높다면, 수출국의 경기에 큰 영향을 받을 가능성이 아주 높다. 중국으로의 수출에 매출의 40%를 의존하는 업체의 경우, 중국 정부가 수입 금지 조치를 취하면 갑작스럽게 매출이 40% 감소하고 주가가 폭락할 수 있는 위험이 있는 것이다. 내수 비중이 높아도 환율의 영향을 받을 수 있다. 원자재를 대부분 해외에서 수입할 경우, 내수기업은 원화가 싸면 오히려 원가가 상승하여 이익률이 줄어든다.

11. 업종

 기업의 이익률이나 수익 구조, 환율의 영향 등 많은 속성들이 그 기업이 속한 업종이 공유하는 특성인 경우가 많으므로 업종의 특성에 대해서 알아 두면 큰 도움이 된다. 예를 들면, 항공주의 경우 원화가 타국 통화에 비해 비싸지면 한국인들의 구매력이 늘어서 해외여행이 증가하는 요인이 될 수 있고, 항공유 가격이 오르면 항공기업의 원가가 올라 이익률이 떨어질 수도 있다. 반도체 업종의 경우 반도체 가격의 변화나 IT기업들의 업황에 아주 민감하다. IT기업들과 가정들이 반도체의 주요 수요처이기 때문에 이들 기업들과 국제 경기에도 민감하다.

[차트 12] SK하이닉스 주가

12. 주력 제품 및 서비스

주식투자를 하면서 기업의 주력 제품 및 서비스를 모르고 투자하는 것은 사실상 무엇을 하는지 모르는 기업에 투자하는 것과 같다. SK하이닉스가 반도체를 팔아서 돈을 번다거나 LG디스플레이가 디스플레이 패널을 생산하여 파는 업체라는 것을 안다면, 반도체 가격 변화나 디스플레이 패널 가격의 변화를 주시할 필요성을 느낄 수 있다. 반도체 가격이 떨어지고 있는 와중에 SK하이닉스의 브랜드가 마음에 든다거나 연구 개발 능력만 믿고 투자할 경우 단기적으로 떨어지는 주가에 고통받는 상황을 맞이할 수도 있다. 기업을 면밀히 분석하지 않으면 회사의 이름이 주력 상품인 것으로 착각하는 경우도 많다. 닷컴버블 시절 회사 이름에 닷컴만 들어가도 주가가 폭등하였는데, 그중 일부 기업들이 주력 상품과는 상관없이 주가부양을 위해서 회사 이름만 바꾼 경우가 그것이다.

[차트 13] LG 디스플레이 주가

제5장 기업 분석 99

13. 재무제표

재무제표는 기업의 재무 상태와 경영 성과 등을 보여 주는 회계 문서이다. 상장기업은 회계감사를 받도록 되어 있고, 재무제표를 결산기에 일반 대중에게 공개하도록 되어 있다. 하지만 간혹 일부 기업이 분식회계를 통해 투자자들을 속이는 경우도 있다.

1) 손익계산서

손익계산서는 분기 또는 1년 동안의 수익과 비용을 나타내는 회계 문서이다. 이를 통해 기업이 돈을 얼마나 잘 벌었는지 알 수 있다.

> 매출 총 이익 = 매출액 − 매출원가
>
> 영업이익 = 매출 총 이익 − 판관비
>
> 법인세 비용 차감 전 순이익 = 영업이익 + 영업 외 수익 − 영업 외 비용
>
> 당기순이익 = 법인세 비용 차감 전 순이익 − 법인세 비용

매출액에서 최종적으로 남는 돈은 당기순이익이 된다. 고가에도 잘 팔리는 상품이나 서비스를 판매하는 업체들의 영업이익률이 일반적으로 높다.

2) 대차대조표

대차대조표는 특정 시점에 기업이 보유한 자본과 부채를 나타내는 회계 문서이다. 기업의 안정성과 재무 건전성을 확인할 수 있다.

$$자산 = 자본 + 부채$$

자산은 회사가 빌린 돈을 포함하며, 자본은 회사가 순수하게 가진 금액이라고 볼 수 있다. 자산은 유동자산과 비유동자산으로 구분된다. 유동자산은 현금화가 쉬운 자산을 말하고, 비유동자산은 금방 현금화할 수 없는 자산을 말한다.

$$유동자산 = 당좌자산 + 재고자산$$

당좌자산은 금방 현금화가 가능한 자산이다.

- 현금 및 현금성자산
- 단기투자자산
- 매출 채권
- 선급 비용
- 이연 법인세자산
- 기타

재고자산은 재고로 쌓아 둔 상품이나 원재료이다.

- 상품
- 제품
- 반제품
- 재공품
- 원재료
- 저장품
- 기타

비유동자산 = 투자자산 + 유형자산 + 무형자산 + 기타

투자자산은 장기투자증권, 관계기업주식, 만기보유 금융자산 등을 포함한다. 유형자산은 토지, 건물, 기계 장치, 비품 등을 포함한다. 무형자산은 영업권, 산업 재산권, 특허권, 저작권 등을 포함한다. 기타 비유동자산은 임차보증금, 장기매출채권 등을 포함한다.

> **자본 = 자본금 + 자본잉여금 + 자본 조정 + 이익잉여금**

    자본금은 주식회사를 설립할 때 주주들이 출자한 금액과 주식 발행을 통한 자본 조달 시 액면가에 해당하는 금액이다. 자본잉여금은 증자, 감자 등을 통해 발생되는 금액을 말한다. 기업 공개(IPO)를 통해 주식 신규 발행 시 액면가는 자본금으로, 액면가를 초과하는 금액은 자본잉여금으로 회계 처리된다. 자본 조정은 자기주식 매수금액이나 유상증자를 실시할 때 발행가가 액면가보다 높은 경우 주식 발행 초과금 등이 자본 조정으로 회계 처리된다. 이익잉여금은 회사가 그동안 벌어들인 당기순이익을 쌓아 둔 금액이다.

> **부채 = 매입채무 + 단기차입금 + 장기차입금**

    매입채무는 외상매입금이나 지급어음을 말한다. 회사가 상품을 매입할 때 금액을 나중에 지불하기로 한 경우 매입채무로 회계 처리된다. 단기차입금은 결산일을 기준으로 1년 이내에 만기가 도래하는 차입금이다. 기업이 단기차입금보다 많은 현금이나 현금성자산 또는 단기금융자산을 보유하고 있어 단기차입금 상환에 큰 문제가 되지 않을 것으로 본다.
    장기차입금은 결산일을 기준으로 1년 초과하여 만기가 남은 차입금이다. 장기차입금은 이자를 낼 수만 있다면 당장은 문제가 되지 않으나 차입금이 과도하면 재무건전성에 문제가 있다고 본다. 하지만 장기차입금으로 사업을 확장하여 더 큰 매출이나 이익을 올린다면 효율적으로 경영을 한 것으로 본다.

3) 현금 흐름표

현금 흐름표는 기업의 영업 활동, 투자 활동, 재무 활동에 의한 일정 기간 동안의 현금성자산의 변동을 나타내는 회계 문서이다. 기업이 아무리 많은 이익을 내더라도 당장 현금이 없다면 직원에게 임금을 지급할 수 없는 등 경영상의 문제가 발생하므로 중요하게 봐야 하는 회계 문서이다. 간혹 매출을 많이 올리더라도 어음이나 외상으로 판매한 경우 현금은 나중에 들어오는데 어음이 부도가 나는 등으로 기업들이 연쇄 부도가 나기도 한다. 그러므로 판매로 그치지 않고 현금이 들어와야 비로소 건강한 매출이라고 할 수 있다.

아무리 자산이 많아도 당장 현금이 없으면 흑자 도산의 가능성이 있으므로 주의하여야 한다. 은행에서 차입하거나 지불을 유예하는 방식으로 도산을 모면하거나 늦출 수 있는 경우도 있다.

① 영업 활동으로 인한 현금 유입: 상품 또는 서비스의 판매로 인한 현금 유입액이다.
② 영업 활동으로 인한 현금 유출: 원재료, 판매비, 관리비, 임금 등의 지급에 의한 현금 유출액이다.
③ 투자 활동으로 인한 현금 유입: 미수금 및 대여금의 회수, 장기금융 상품의 처분, 유무형자산의 처분 등을 통한 현금 유입액이다.
④ 투자 활동으로 인한 현금 유출: 대여금의 대여, 장기금융 상품 투자, 유무형자산의 취득 등을 통한 현금 유출액이다. 그러므로 투자 활동을 통한 현금 유출은 용도에 따라 좋을 수 있다.

⑤ 재무 활동으로 인한 현금 유입: 차입금의 차입, 사채 발행, 유상증자, 자기주식 처분 등을 통한 현금 유입액이다.

⑥ 재무 활동으로 인한 현금 유출: 차입금 상환, 사채 상환, 유상감자, 자기주식 취득, 현금배당금 지급 등을 통한 현금 유출액이다.

주식 투자 안내서

6

차트 분석

제6장

차트 분석

"기술적 분석은 경험과 연구로 향상시키는 기술이다."

- 존 머피

    주가 차트는 일정 기간 내의 가격 움직임을 그려 놓은 것이다. 기술적 분석은 증권의 내재가치를 분석하는 것이 아니고, 가격과 거래량에 대한 차트와 다른 기술적 지표들을 활용해 패턴을 식별하기 위한 통계적인 분석이라고 할 수 있다.

    차트는 과거의 데이터이다. 과거의 데이터를 분석한다고 해서 수익을 낼 수 있을까. 학계에서는 그렇지 않다고 주장한다. 수많은 기술적 지표에 대해 백테스트를 해 보아도 성공률은 대부분 40%도 되지 않고, 수수료와 세금 등을 제하고 나면 손실이라는 결과가 나온다. 그럼에도 불구하고 왜 수많은 책과 뉴스들, 전문가들은 차트를 보고 언급하는 것일까.

가장 단순한 예로 단기간에 급등했는지 차트를 통해 바로 알 수 있기 때문이다. 단기간에 급등한 주식이 작전주인지 아주 큰 호재가 있는 고성장주인지 분간하기는 어렵지만, 적어도 작전주일 가능성이 존재하며 폭락할지도 모르는 높은 거품 가격일 가능성을 보고 경각심을 가질 수 있다. 2000년 초반 나스닥과 코스닥의 닷컴 거품이 그 예이다.

시장에서의 가격은 단기적으로 수요와 공급의 영향도 받으므로, 주가가 급등하면 팔아서 수익을 실현하려는 사람들이 많아져 주가가 떨어질 수도 있고, 주가가 급락하면 싸게 사려는 사람들이 많아져 주가가 오를 수도 있다. 주가가 단기간에 급등했는지는 차트를 보면 쉽게 파악이 가능하지만, 재무제표를 봐서는 알기 어렵다.

또 다른 예로는 큰 호재도 악재도 없이 과거에 얼마에 거래가 되던 주식인지 평균 가격이나 가격 범위를 파악할 수 있다. 물론 이런 정보로 수익을 내는 것은 어렵지만, 과거의 대략적인 거래 가격을 파악할 수 있는 것이다. 차트가 아니라도 어차피 과거의 거래 가격은 확인할 필요성이 있다. 단지 그 과거의 거래 가격들을 그림으로 표현하여 쉽게 파악할 수 있도록 한 것이 차트인 것이다. 집을 살 때도 마찬가지로 과거의 거래 가격을 어느 정도 참고할 테니 주식거래에 차트가 필요한 것은 어쩌면 당연한 것이다.

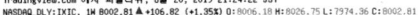

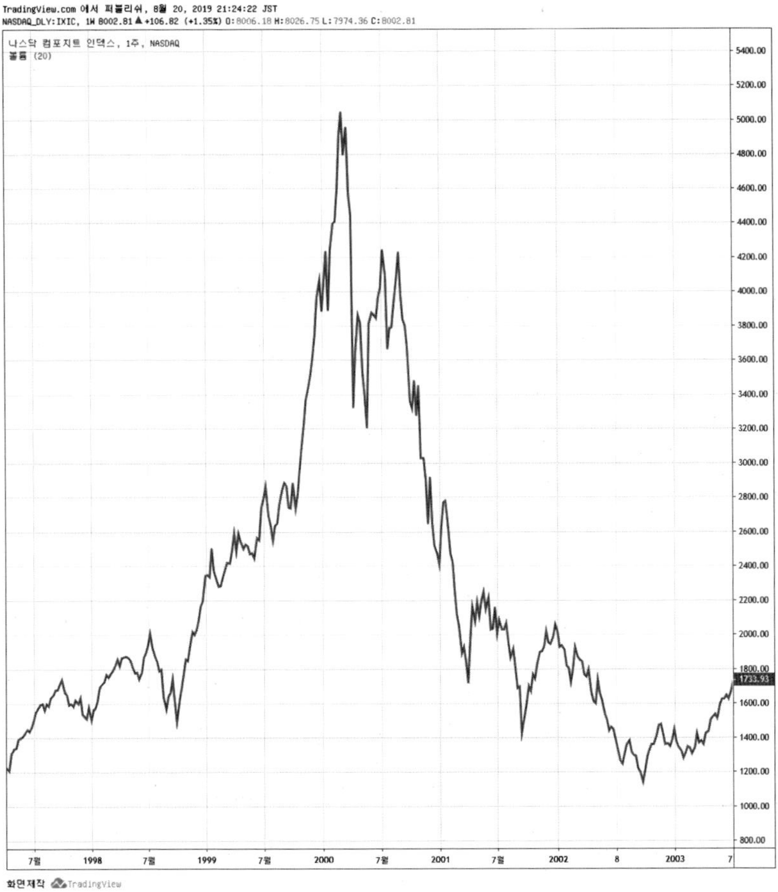

[차트 14] 닷컴버블 전후의 나스닥지수

수많은 사람들이 차트로부터 수익을 낼 방법을 연구해 왔고, 패턴을 찾으려 노력해 왔다. 물론, 거의 대부분의 사람들이 실패했고, 차트만으로 수익을 낸다면 먹고 사는 데 제도권 교육이나 기술 교육을 받을 필요조차 없을 것이다. 하지만 현실은 그렇게 쉽지 않다. 차트만으로 수익을 내는 것은 슈퍼컴퓨터를 동원한 통계학자들의 연구로 가능할지는 모르겠으나, 거의 불가능에 가까운 일이다. 과거의 차트 패턴이 어떠했다고 해서 내일도 같은 패턴으로 움직이리라는 보장은 없기 때문이다.

차트를 보는 방법은 투자자마다 다르며, 참고하는 점도 다르다. 제시 리버모어와 같은 추세추종자들은 주가의 추세를 판단하는 데 차트를 활용하며, 주가의 평균회귀론자들은 주가가 과매도 상태인지 과매수 상태인지 판별하기 위해 차트를 참고한다. 또한, 통계적 거래를 하는 사람들은 차트가 자신의 통계 분석에 따라 높은 확률로 수익을 낼 수 있는 시점인지 판단하는 데 차트 패턴을 활용할 수도 있다.

1. 차트 기초

현대에 가장 많이 활용되는 차트로 봉 차트(candlestick chart)가 있다. 봉 차트는 18세기 일본인 혼마 무네히사(Munehisa Homma)라는 쌀 거래자가 개발한 것이라고 전해진다.

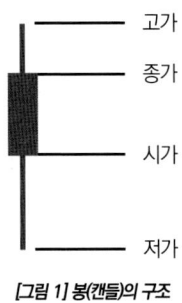

[그림 1] 봉(캔들)의 구조

봉의 양 끝은 당일 거래된 최고가와 최저가를 나타낸다. 그리고 한국에서는 당일 시가(시작가)보다 가격이 오른 경우 빨간색 봉으로 그린다. 그래서 빨간색 봉에서 시가는 몸통의 바닥 부분이며, 종가는 몸통의 꼭대기 부분이다. 파란색 봉은 당일 시가보다 가격이 내린 경우에 사용되며, 시가가 파란색 봉의 꼭대기 부분이고, 종가가 파란색 봉의 바닥 부분이다.

다음 〈2. 이동평균선〉의 [차트 15]를 보면 빨간색 봉과 파란색 봉이 섞여 있는 것을 볼 수 있다. 비록 시간이 지난 후에 전체적으로 보면 가격이 약 15% 하락하였지만, 일봉 하나하나를 보면 오른 날도 있고, 내린 날도 있어 움직임이 무작위적으로 보인다. 차트를 보면 큰 흐름을 볼 수 있지만, 막상 현재로부터 미래에 어떤 차트가 그려질지 생각하는 것은 그저 추측일 뿐이다.

2. 이동평균선

이동평균선은 일정 기간 동안의 가격평균을 선으로 그린 것이다. 5일선의 경우 당일을 포함한 이전 4일간의 가격평균을 이어 그린 것이다. 다음 삼성전자 봉 차트에서도 곡선들이 이동평균선에 해당한다. 이동평균선의 장점은 주가 차트의 들쭉날쭉함을 부드럽게 만들어 주가 흐름을 판단하는데 도움을 줄 수 있다는 것이다. 또한, 이동평균선은 사람들의 거래에 심리적으로도 영향을 미친다. 반등을 시도하다가 20일선 등을 뚫지 못하고 다시 떨어진다거나 하는 상황을 차트에서 많이 찾아볼 수 있다. 여러 기간 단위의 이동평균선이 서로 교차하는 경우가 많은데, 이를 기술적 매매의 신호로 사용하는 경우도 있다. 짧은 기간의 이동평균선이 긴 기간의 이동평균선을 뚫고 오를 경우 골든크로스라고 하며, 반대로 뚫고 내려갈 경우는 데드크로스라고 한다. 예를 들면 5일선이 20일선을 뚫고 올라가면 골든크로스, 5일선이 20일선을 뚫고 내려가면 데드크로스라고 한다. 일반적으로 골든크로스를 주가 상승 신호로 해석하고, 데드크로스를 주가 하락 신호로 해석한다. 하지만, 이런 것으로 수익을 낼 수 있다면 어린이도 차트를 보고 수익을 낼 수 있을 것이다.

차트 해석은 어느 정도 점성술이나 미신의 성격도 가지고 있다고 생각할 수 있다. 기업가치의 큰 변화를 주가 차트를 보고 탐지하는 데 골든크로스 같은 신호를 활용할 수 있지만, 그저 노이즈일 수도 있고, 작전으로 인한 주가 조작일 수도 있다. 주가 차트가 도움이 되지 않는 것은 아니지만, 중요한 것은 사실이며, 주가 차트는 실제로 어떤 일이 일어나고 있는지 말해 주지 않는다는 것이다. 그러므로 주가 차트가 우상향이든 우하향이든 그것은 여러 가지 경우의 수 중 하나를 나타내는 것이므로, 사실 확인 없이 회사 매출이나 이익에 큰 변화가 있는 것이라고 결론을 내리는 것은 아주 위험한 일이다.

[차트 15] 삼성전자 주가(이동평균선)

3. 저항선과 지지선

저항선과 지지선은 수요와 공급의 법칙에 따라 발생한 일시적 저점과 고점을 나타낸다. 일시적 고점과 저점이라 함은 저항선과 지지선은 언제든지 깨질 수 있다는 말이다. 그 가격들이 깨지지 않는다면 영원히 주가는 박스권일 것이다. 수요와 공급의 법칙에 따라 가격이 너무 올라 주가가 과도하게 비싸졌다고 생각해서 파는 사람들이 늘어난 경우, 주식이 시장에 거래매물로 많이 공급되고 주식을 사려는 수요보다 많아져 결국 주가가 떨어진다. 이 지점이 저항선이며, 반대로 바닥에서 공급보다 수요가 많은 경우 지지선을 형성한다. 다음 차트 예시를 보자.

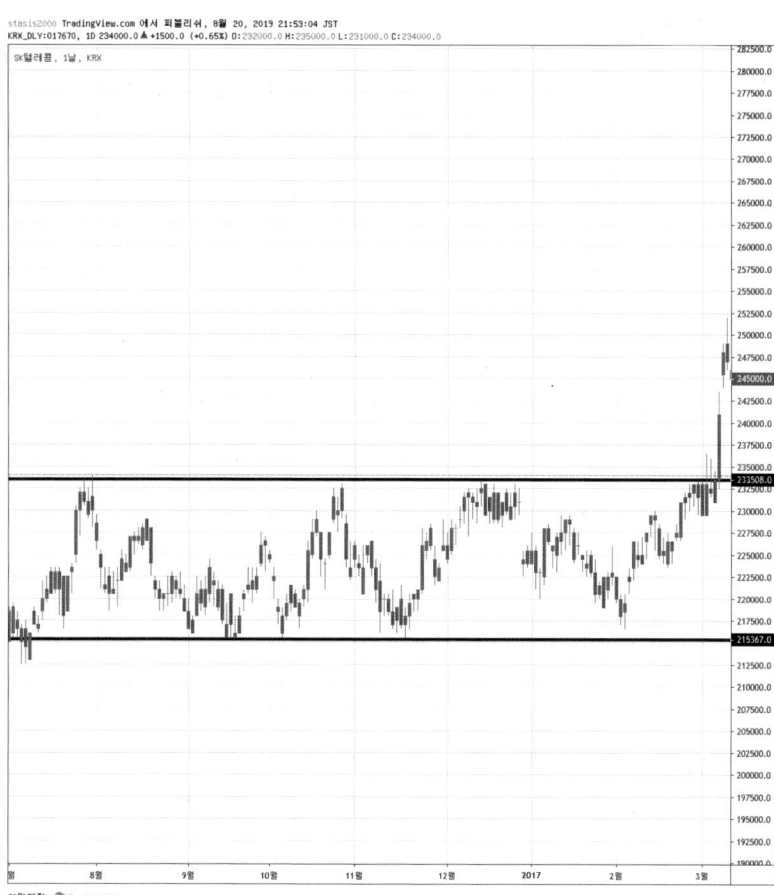

[차트 16] 저항선과 지지선

아래쪽 수평선은 지지선이다. 많은 사람들이 가격이 너무 싸다고 생각해서 주식을 매수해서 지켜 낸 대략적인 저가 수준을 나타낸다. 그리고 위쪽 수평선은 저항선이다. 역시 많은 주식보유자들이 주가가 너무 비싸졌다고 생각하거나 혹은 수익 실현을 위해 많이 내다 팔아서 주가가 더 이상 오르지 못한 가격대이다. 저항선과 지지선에 의미를 두는 논리는 기업의 가치가 변하지 않았는데 주가가 오르락내리락하며 크게 변동하여 사람들이 과도하게 싼 가격일 때에는 사는 쪽이 우세하고, 과도하게 비싼 가격일 때에는 파는 쪽이 우세한 것이라고 생각할 수 있다.

이러한 상황을 활용한 거래가 통할 때도 많다. 하지만 기업의 가치가 크게 변한 경우나 세계정세가 크게 변한 경우에는 상황이 다르다. 저항선이 깨지거나 지지선이 깨지는 것이다. 그런 경우는 기업가치나 세계정세가 변한 것일 수도 있지만, 단지 단기적인 저항선과 지지선일 경우도 많다. 그러므로 섣불리 판단할 수 없다.

> **Tip**
>
> 저항선은 매물대 차트를 활용하여 거래량이 많았던 가격대에서 형성될 가능성이 높다. 또는 전고점에서 저항선이 형성되기도 한다. 저항선은 많은 사람들이 평가 손실을 보고 있다가 본전에 팔려는 매물이 많은 가격대이거나, 고평가되었다고 생각하는 사람들이 수익 실현을 하려는 가격대에 형성되는 것이라고 간주한다. 본전매물이 많이 나오면 오를 종목도 빠르게 오르지 못하는 경우가 많다.

4. 상대강도지수

상대강도지수(relative strength index, RSI)는 가격의 상승강도와 하락강도 간의 상대적인 강도를 나타내며, 1978년 미국의 웰레스 와일더(J. Welles Wilder Jr.)에 의해 개발되었다. RSI는 일정 기간 동안 주가가 전일 가격에 비해 상승한 변화 폭과 하락한 변화 폭의 평균값을 구하여 계산한다. 상승한 변화 폭이 크면 과매수, 하락한 변화 폭이 크면 과매도로 해석한다.

$$RSI = U \div (U + D)$$

U = 가격이 전일 가격보다 상승한 날의 상승 수치들의 평균값

D = 가격이 전일 가격보다 하락한 날의 하락 수치들의 평균값

웰레스는 RSI 70% 이상을 과매수 국면으로, RSI 30% 이하를 과매도 국면으로 해석했다. 이를 통해 매매하는 방법은 여러 가지가 있을 수 있다. 예를 들면, 과매도 국면에서 매수하고 과매수 국면에서 매도하는 식이다. 하지만 과매도 국면이라고 해서 저점이라는 보장은 없으므로, 손실을 볼 수 있다. RSI와 같은 기술적 지표를 보조지표라고도 한다. 이는 투자자의 판단을 보조하는 지표라는 뜻이다. 어디까지나 참고만 하면 된다. 일반적으로 RSI가 과매수 국면이라면 그동안 주가가 많이 오른 것을 주가 차트에서 볼 수 있고, 주의하는 것이 좋다. RSI가 과매도 국면이라면 그동안

주가가 많이 떨어져 싸졌지만 저점이라는 보장은 없으니 확신이 있는 투자자는 주식을 사 모으고, 확신이 없는 투자자는 더 떨어질 가능성을 염두에 두어야 한다.

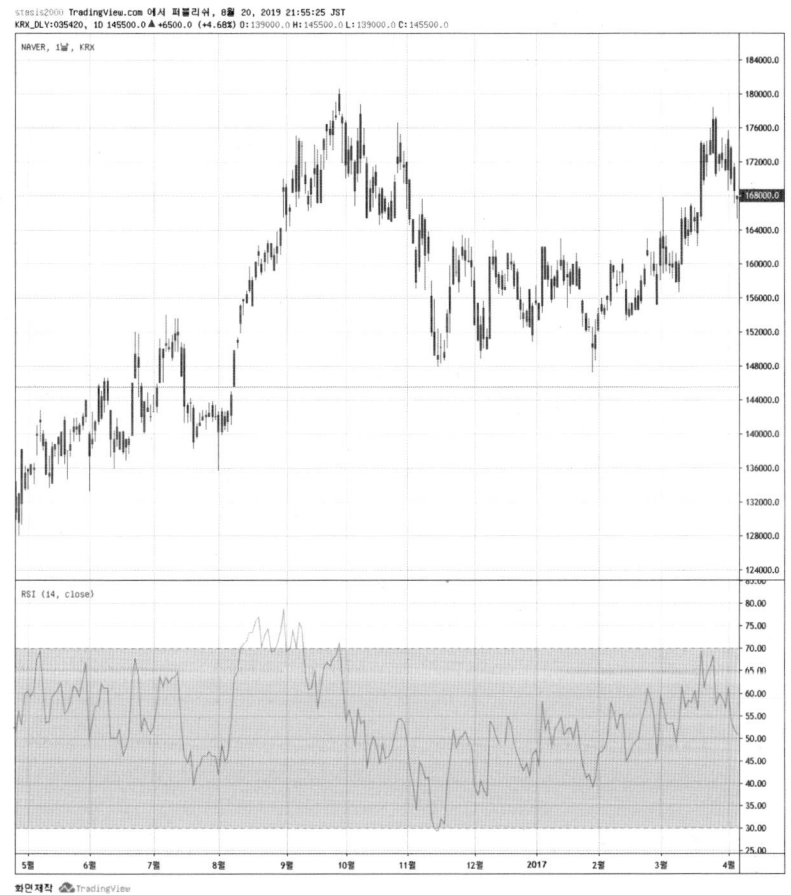

[차트 17] 네이버 주가와 RSI(하단)

주식기초부터 헤지펀드까지

주식투자안내서

7

시장수익률과 초과수익률

제7장

시장수익률과 초과수익률

"당신은 때때로 항상 이길 수는 없다는 사실을 받아들여야 한다."

- 리오넬 메시

    자산운용업계에서는 단순수익률보다 상대적인 수익률을 중요시한다. 업계에서 성과를 측정하는 데 있어 단순수익률은 문제가 있다. 2008년 서브프라임 경제 위기 상황에서 주식형 펀드 매니저 A가 -30%의 수익률을 기록했다면, 그 펀드매니저 A는 잘한 것인가 못한 것인가? 단순수익률은 참담한 손실이지만, 코스피지수는 2008년 약 -40%의 수익률을 기록했다. 펀드매니저 A는 비록 30% 손실을 보았지만, 코스피지수에 비해 10% 초과수익률을 달성했다. 황당하게 보일 수 있지만, 펀드매니저 A는 코스피지수의 성과를 초과하는 주식들을 잘 골라서 선방한 것이다. 여기서 코스피지수의 수익률을 시장수익률이라 하며, 펀드매니저 A의 10% 초과성과분을 시장 초과수익률이라고 한다.

여기서 좀 더 세분하면, 현금의 개념도 추가할 수 있다. 투자 세계에서 현금은 은행의 예금, 적금 같은 예금자 보호가 되는 무위험투자자금을 포함한다. 그러니까 예적금 금리가 현금수익률인 셈이다. 가끔 은행도 부도가 나지만 예적금은 5천만 원까지는 예금자 보호법에 의해 보장받는 무위험투자 상품이다.

그렇다면 수익률은 현금수익률과 시장수익률(beta, 베타), 초과수익률(alpha, 알파)로 나눌 수 있다. 현금수익률은 돈이 있다면 누구나 위험 없이 달성할 수 있다. 시장수익률은 보통 주가지수의 수익률을 말하며, 인덱스펀드에 가입하면 달성할 수 있으므로 비교적 쉽게 달성할 수 있다. 하지만 시장수익률이 항상 수익을 내는 것이 아니고, 크거나 작은 손실을 내는 시기도 많으므로 위험을 감수하는 투자의 대가이다. 초과수익률은 비교적 쉽게 얻을 수 있는 것이 아니며, 많은 노력과 연구를 통해 얻을 수도 있고, 실패할 수도 있다. 직접 주식투자를 통해 훌륭한 기업들의 주식을 좋은 가격에 매수해 주가지수를 초과하는 성과를 내거나, 우수한 펀드매니저가 운용하는 펀드를 사서 초과수익률을 달성할 수도 있다. 지속적으로 초과수익률을 낼 수 있다면 투자 고수라고 간주할 수 있다.

소형주 효과(Dimson, Marsh and Staunton, 2002)라는 초과수익률의 예가 있다. 1960년대와 1980년대 중반 사이의 미국 증시에서 소형주는 주가지수보다 평균적으로 더 높은 수익률을 보였다고 한다. 하지만 현재는 존재하지 않는 것으로 알려졌다.

《역발상투자(데이비드 드레먼, 2009)》에 따르면, 1970~1996년 동안 매년 리밸런싱한 저PER, 저PCR, 저PBR, 저PDR 종목 포트폴리오가 시장평균을 상회하는 초과수익률(알파)을 올렸다고 한다. 이는 가치주투자가 시장을 이기는 초과수익을 올렸다는 것을 입증한 것이다. 시장을 이기는 것은 아주 어려운 일이므로, 가치주투자는 훌륭한 전략으로 간주될 수 있다. 하지만 과거의 통계가 그랬다고 해서 앞으로도 그러리라는 보장은 없으므로 맹신하는 것은 금물이다.

초과수익률을 일반 개인투자자가 올리는 것이 가능한가 하는 의문이 든다면 가능은 하지만, 그것이 가능한 개인투자자는 고수로 간주되며 아주 드물다고 추정할 수 있다. 실상은 대부분의 기관투자자를 비롯한 월가의 헤지펀드들조차도 초과수익률을 올리는 경우는 드물다. 그래서 워런 버핏은 헤지펀드에 투자할 바에 주가지수 ETF에 투자하라고 조언한 적도 있을 정도이다.

1. 시장수익률 vs 헤지펀드수익률

  미국 《월스트리트저널》에 따르면 투자의 귀재 워런 버핏은 헤지펀드와 10년 수익률 내기를 한 적이 있다. 2007년 뉴욕 헤지펀드 운용사인 프로테제파트너스와 10년 수익률 내기를 하였는데, 그 내용은 인덱스펀드와 헤지펀드 중 어느 쪽이 더 높은 수익률을 내는가 하는 것이었다. 인덱스펀드는 시장수익률 베타를 비슷하게 달성할 수 있는 패시브펀드(매수 후 보유)이며, 일반적으로 수수료가 저렴한 편이다. 반면, 헤지펀드는 대부분 액티브펀드(매수, 매도 등 거래를 자주 혹은 가끔 하는 펀드)이며 절대수익을 추구하지만, 수수료가 아주 비싼 편이고, 운용자의 역량에 크게 의존하는 경우가 많다. 버핏은 스탠더드앤푸어스500(S&P500)지수 인덱스펀드에 걸었고, 프로테제파트너스는 5개의 유망한 헤지펀드를 선택했다. 2017년 말 이 내기는 버핏과 인덱스펀드의 승리로 끝이 났다. 인덱스펀드는 연평균 7.1%라는 평균적인 시장수익률을 내 주었고, 프로테제파트너스가 선택한 헤지펀드들은 연평균 2.2%라는 수익률에 그쳐 비싼 수수료를 지불하지 못한 것으로 드러났다. 내기의 상금은 자선단체에 기부한 것으로 알려졌다.

  시장보다 초과수익률을 낼 수 있는 방법으로 2장에서 서술한 대박 상품 회사의 주식에 투자하는 방법이 가능성이 높은 방법일지도 모른다. 검증된 것은 아니니 참고만 하고 실패 사례들도 찾아서 분석해 보기 바란다.

시장수익률은 대박을 꿈꾸는 개인투자자들에게 너무 작다고 느껴질 수도 있다. 하지만 장기간 투자에 임하다 보면 시장수익률을 넘기기는커녕 원금을 지키기도 어렵다는 것을 깨닫고는 한다. 종목을 골라서 사고팔기만 하면 되니 투자가 쉽게 돈을 벌 수 있는 방법처럼 보이지만, 막상 겪어 보면 금융시장은 생각보다 훨씬 어려운 곳임을 알 수 있다. 투자자들은 돈을 벌기는 어렵고 망하기는 쉽다는 것을 깨닫고 절망하기 쉽다. 시장수익률이라고 해서 꾸준히 수익을 내 주는 것이 아니라 손실을 낼 때도 많지만, 장기적으로 시장수익률만을 추종하며 투자를 하는 것도 좋은 방법이다.

2. 샤프지수

샤프지수(Sharpe ratio)는 무위험수익률 대비 초과수익률을 자산의 표준편차(변동성)로 나눈 것이다. 주식형 펀드 중에서 샤프지수가 더 높은 펀드가 같은 변동성 대비 초과수익률이 높은 펀드이다. 펀드에 대한 성과지표로서 펀드를 매수할 때 참고하면 도움이 된다. 샤프지수의 약점은 상승을 많이 하는 자산의 경우도 변동성이 큰 것으로 보아 위험이 크다고 보는 것이다.

샤프지수는 펀드 간의 우열을 가리는 데 사용될 수 있다. 같은 유형의 펀드들 사이에서 샤프지수가 높은 펀드가 위험조정수익률이 더 높았다고 판단이 가능하다. 단기적 성과보다 적어도 5~10년 정도 혹은 그 이상의 기간 동안의 수익률과 샤프지수가 더 의미가 있다. 단기적으로 샤프지수가 높은 펀드가 일시적인 성과에 그치고 장기적으로 성과가 떨어질 수 있기 때문이다. 펀드의 투자 전략과 운용 인력의 전문성 등이 펀드의 장기적 성과에 큰 영향을 미치기 때문에 펀드 운용 인력의 변경이 펀드의 성격과 성과를 바꿀 수도 있다.

3. 트레이너지수

샤프지수가 전체 위험(표준편차)당 무위험투자 대비 초과수익률이라면, 트레이너지수(Treynor ratio)는 체계적 위험, 베타(beta)당 무위험투자 대비 초과수익률을 나타낸다. 샤프지수와 마찬가지로 같은 유형의 펀드들의 성과를 비교하는 데 활용될 수 있고, 높을수록 성과가 좋은 것이다.

4. 젠센의 알파

젠센의 알파(Jensen's alpha)는 시장수익률과 비교한 위험조정성과지표이다. 젠센의 알파가 양(positive)의 값이면 시장수익률을 이기고 초과수익률을 달성한 펀드이다. 알파가 음(negative)의 값이면 시장수익률보다 낮은 수익률을 달성한 펀드이다. 젠센의 알파는 펀드운용자가 감수한 위험(시장변동성 대비 펀드의 변동성)을 고려하기 때문에 단순한 초과수익률이 아닌 위험조정수익률이다.

장기간 동안 지속적으로 젠센의 알파가 양수라면, 그 펀드는 시장을 이긴 아주 우수한 펀드로 간주될 수 있다. 젠센의 알파도 장기간의 측정치일수록 의미가 크다. 투자는 일시적인 성과보다 장기적인 성과가 결과적으로 더 중요하다.

피터 린치의 마젤란펀드는 장기적으로 시장수익률을 초과하는 수익률을 낸 것으로 알려져 있다. 그의 초과수익률이 단순히 운이 아니라는 것을 증명함과 동시에 간혹 지속적으로 시장수익률을 초과 달성하는 펀드운용자가 존재했음을 나타내는 하나의 사례이다.

주식기초부터 헤지펀드까지

주식
투자
안내서

8

트레이딩의 기본

제8장

트레이딩의 기본

> "트레이딩은 경쟁이 아주 심해서
> 당신은 엉덩이를 걷어차일 준비를 해야 합니다."
>
> - 폴 튜더 존스

    장기투자와 달리 트레이딩은 종목 선정보다 더 많은 활동과 기술을 필요로 한다. 트레이딩은 그 매매 기간이 장기투자보다 훨씬 더 짧기 때문에 당연히 할 일이 더 많다. 투자자산을 더 자주 선정해야 하며 매수, 매도의 타이밍도 자주 잡아야 한다. 그러므로 트레이딩은 훨씬 더 어렵고, 권유되지 않는 투자 방식이다.

    투자성공률이 100%라면 부자가 되는 데 오래 걸리지 않을 것이다. 하지만 현실은 정반대인 경우가 많다. 트레이딩에 성공하려면 수익이 손실보다 커야 하는 건 당연한 것이다. 그리고 성공률도 아주 중요한 요인이다. 트레이딩에 성공하려면 수익이 날 때 크게 수익이 나거나 성공률이 아주 높거나 하는 조건을 만족시켜야 순수익이 플러스(+)가 된다.

> 승패비율(Win/Loss Ratio) = 성공매매 : 실패매매

> 예) 성공매매 12회, 실패매매 18회인 경우
> 승패비율 = 12:18 = 2:3
> 성공률(success rate) = 12÷(12+18) = 12÷30 = 40%

만약 성공률이 40%인데 수익금액과 손실금액이 같다면 매매할수록 손실이 누적되어 파산할 것이다. 그렇다면 성공률이 40%일 때 순수익이 나려면 수익금액이 손실금액보다 훨씬 더 커야 한다는 것을 알 수 있다. 평균수익금액이 2이고, 평균손실금액이 1로 수익이 날 때 2배로 수익이 난다면 어떻게 되는지 살펴보자.

> 예) 평균수익금액 = 2, 평균손실금액 = 1
> 순수익금액 = 2×12회 − 1×18회 = 24-18 = +6

위 예에서와 같이 성공률이 40%라도 평균수익금액이 평균손실금액보다 훨씬 크면 전체 트레이딩에 순수익을 내며 성공할 수 있다. 만약 당신의 성공률이 낮거나 평균수익금액이 평균손실금액보다 훨씬 더 크지 않다면, 당신은 트레이딩을 그만두어야 한다.

1. 손절

　손해를 끊는다는 뜻인 손절은 트레이딩에서 일반적으로 중요한 행위이다. 하지만, 트레이딩 전략에 따라 손절을 하지 않는 경우도 있다. 트레이딩에 있어 손절은 손실금액을 줄이기 위한 행위라고 생각할 수 있다. 손절은 손실률이 복구하기 곤란한 수준까지 커지기 전에 손실을 확정지어 자산을 보호하기 위한 목적으로 활용될 수 있다.

　또한, 손절은 자신이 틀렸다고 패배를 인정하는 행위이기도 하다. 장기투자자인 워런 버핏도 수년간 보유한 종목을 손절하기도 한다. 이투데이의 보도자료[4]에 따르면, 워런 버핏이 경영하는 버크셔 해서웨이는 2018년 건자재업체 USG 지분 31% 전량을 독일 크나우프에 19억 달러에 매각하기로 합의하였다고 한다. 2000년부터 USG에 투자한 버크셔 해서웨이는 USG가 2006년에 파산했을 때나 2008년에 금융 위기를 맞았을 때에도 USG를 구제하기 위해 노력했으나 결국 주식을 전량 매각했다. 워런 버핏은 18년간의 보유 끝에 결국 자신의 실수를 인정하고 USG를 손절했다. 평생 보유할 생각으로 선정한 기업의 주식이 지나 보니 자신의 기대치에 못 미쳐 자신이 틀렸음을 인정한 것이다.

　세계 최고 투자자들인 워런 버핏과 조지 소로스도 손절을 하는 상황이며, 자신의 판단이 맞을 것이라고 고집을 부리는 것은 지나고 났을 때 착각과 큰 손실을 가져올 수 있는 위험한 행동이다. 제시 리버모어는 주가가 떨어지는 중에도 매입하는 물타기를 하지 말고, 손절매하는 것을 원칙으

---

[4] '[키워드로 보는 이슈] 버핏도 땅에 떨어질 때가 있다… ROS처럼 실수도 관리해야', 이투데이, 2018년 6월 14일

로 삼았다. 하지만 가장 좋은 것은 훌륭한 주식을 사서 장기 보유하여 손절매를 할 필요가 없도록 수익이 늘어나는 것이다.

  손실률이 커질수록 복구에 필요한 수익률도 커져서 비슷한 금액을 다시 투입하지 않는 이상 사실상 복구가 불가능해질 수 있다. 10% 손실이 나면 11% 수익으로 원금 복구가 가능하다. 그러나 50% 손실이 나면 100% 수익이 나야 하는데 100% 수익률을 올리는 것은 아주 어렵거나 오랜 투자 기간을 요구할 수 있다. 어렵게 100% 수익률을 올려서 겨우 원금을 복구해야 하는 상황에 처한다.

손실률	복구에 필요한 수익률
10%	11%
20%	25%
30%	43%
40%	67%
50%	100%
60%	150%
70%	233%
80%	400%
90%	900%

[표 3] 손실 복구에 필요한 수익률

2. 추세추종과 평균회귀

트레이딩 전략은 무궁무진하며 생각지 못한 것들도 많다. 다양성에도 불구하고, 일반적으로 두 가지로 구분할 수 있다. 바로 추세추종과 평균회귀라는 상반되는 개념이다. 간단히 말해 주가가 오를 때 살 것인가 떨어질 때 살 것인가이다.

추세추종 전략은 제시 리버모어가 주로 사용하던 전략으로 제시 리버모어는 추세추종의 아버지로 불린다. 주가가 오르면 사고, 주가가 내리면 파는 것이다. 주가가 상승추세이면 사서 보유하는, 바로 추세를 따르는 전략인 것이다. 이것은 사실 따라 사는 추격매매와 별반 다를 바가 없는데, 종종 주가에 거품을 형성하는 데 기여한다.

평균회귀는 주가가 과도하게 올랐다고 판단할 때 주식을 매도하고, 주가가 과도하게 떨어졌다고 판단될 때 주식을 매수하는 전략이다. 운이 좋거나 판단력이 좋으면 저점 매수를 할 수 있겠지만, 실패하면 훨씬 더 떨어져 큰 손실을 볼 수도 있는 전략이다. 상대강도지수(RSI)는 과매수와 과매도 국면을 판단하는 데 도움이 되는 보조지표이다. 평균회귀 전략은 주가의 거품을 꺼뜨리는 데 기여한다고 볼 수 있다.

이 두 전략은 어느 한쪽이 맞다고 볼 수 없으며, 각 투자자들은 두 전략 중 하나를 사용하거나 혼용한다고 알려져 있다. 그러나 가격의 움직임만 보고 거래하는 것은 투기임을 명심하기 바란다.

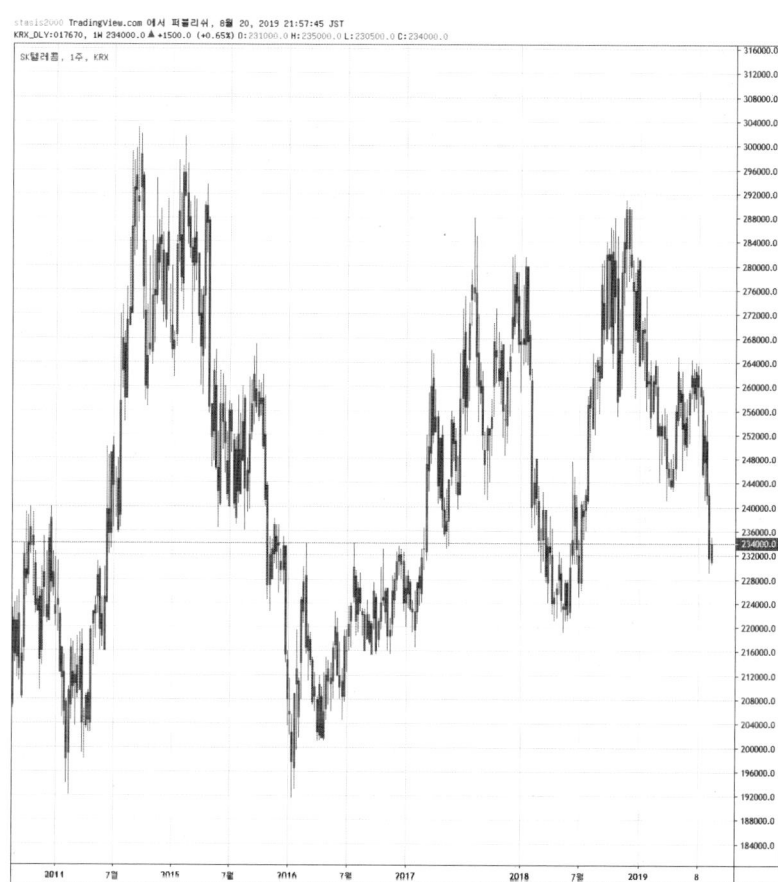

[차트 18] 수년간 박스권(평균회귀)인 SK 텔레콤 주가

3. 트레이딩 시 자세

　트레이딩을 할 때는 컨디션이 좋은 상태에서 해야 한다. 컨디션이 좋지 않으면 잦은 실수로 성과가 떨어질 수 있다. 또한, 트레이딩을 할 때는 자기 통제가 아주 중요하다. 충동적인 매매를 한다거나 원칙에 어긋나는 매매를 하다가 큰 손실을 보기 십상이다. 보통 개인투자자들의 경우 원칙 자체가 없는 경우가 많다. 자신만의 원칙을 세우고 트레이딩에 임하고 실수를 하게 된다면 그것을 학습의 계기로 삼기 바란다.

4. 투기와 버블

버블의 역사는 투기의 역사와 함께한다. 투자자산의 가격이 오를 때 수많은 사람들은 가격 상승을 목격하고, 주변 사람들이 앉아서 돈을 버는 것을 목격한다. 그리고 근본적인 가치를 알건 모르건 가격 상승세에 동참하기 위해 투자하는 사람들이 늘어나고, 본질가치보다 한참 위로 가격이 상승하는 이른바 거품이 형성된다. 이를 조지 소로스는 시장과 사람들이 서로 영향을 주고받는다는 뜻에서 재귀성 이론이라 칭하였다.

튤립 거품(Tulip mania)은 17세기 네덜란드에서 벌어진 투기 현상이었다. 역사적으로 기록된 인류 최초의 투기 거품으로 알려졌다. 네덜란드에 새롭게 소개된 튤립의 알뿌리가 귀하여 높은 가격에 거래되고 있었다. 당시 튤립은 다른 식물에는 없는 강렬한 채도의 꽃잎 색으로 인하여 마니아층을 형성하였다. 그런 귀한 튤립은 당시 네덜란드에서 부와 지위의 상징이 되었다. 튤립이 인기를 얻자 튤립의 구근 가격은 오르고, 오르고 또 올랐다. 튤립의 구근 가격의 상승세가 계속되자 투기자들이 가세하였다. 그리하여 귀한 튤립의 구근 가격은 하루만에 10배가 오르기도 하였고, 1637년 2월 어떤 튤립 구근 하나의 가격이 숙련된 장인의 1년 치 소득의 10배보다 비싸게 팔리기도 하였다고 한다. 그리고 1637년 2월 튤립 가격은 갑자기 폭락하여 거래가 중단되는 사태에 이르렀다. 거품이 꺼진 것이다. 이로 인해 많은 상인들이 빈털터리가 되었다. 당시 황금기였던 네덜란드는 거품 붕괴로 큰 타격을 받았다.

《내일의 금맥(마크 파버 저, 2008)》에 따르면 프랑스 미시시피회사의 주가는 1719년부터 1720년 사이 약 40배 올랐고, 영국 남해회사(The South Sea company)의 주가는 1720년 8배나 올랐다고 한다. 남해회사는 영국 정부가 영국 재정 건전화를 위해 세운 노예 무역회사였으나, 남해회사는 대체로 손실을 내었다. 무역으로 손실을 본 남해회사는 복권 채권의 판매가 성공을 거두자 금융회사로 전환하여 기업 공개를 추진하였다.

남해회사에 관련해서 남미의 금 광산을 발견했다는 소문 등으로 인하여 남해회사의 주가는 치솟았다. 이때 영국의 천재 물리학자 아이작 뉴턴도 남해회사에 투자하여 7천 파운드까지 벌었으나, 거품이 꺼지면서 결국 2만 파운드의 손실을 보았다. 남해회사의 거품 붕괴를 계기로 공개 기업에 대한 회계감사의 필요성이 대두되었고, 이는 공인회계사와 회계감사 제도가 탄생하는 계기가 되었다.

주식
투자
안내서

주식기초부터 헤지펀드까지

주식
투자
안내서

9

뮤추얼펀드와 ETF

제9장
뮤추얼펀드와 ETF

*"주식형 펀드의 평균 보유 기간은 3년입니다.
그것은 너무 짧습니다."*

- 케네스 피셔

주식투자를 직접 할 수 없는 조건이거나 여력이 없어도 주식의 수익률을 얻을 수 있는 방법이 있다. 바로 전문투자자에게 투자를 맡기는 뮤추얼펀드나 거래소 상장펀드를 매수하는 방법이다. 뮤추얼펀드는 많은 투자자로부터 투자금을 모아 전문 투자기관이 투자를 대행하는 것이다.

뮤추얼펀드의 장점은 다음과 같다

- 기업 분석 등의 수고를 덜어 준다.
- 작은 자금으로 투자할 때보다 더 많은 투자자산에 분산하는 형태로 투자할 수 있다.
- 전문투자자에 의해 관리된다.
- 우수한 전문투자자의 경우, 시장수익률을 초과하는 초과수익률을 달성하기도 한다.

뮤추얼펀드의 단점은 직접투자보다 비싼 수수료와 세금이다.

뮤추얼펀드의 종류에는 개방형과 폐쇄형이 있다. 개방형 뮤추얼펀드는 계속해서 투자자금을 받는 뮤추얼펀드이다. 폐쇄형 뮤추얼펀드는 초기 자금 모집이 끝나면 더 이상 투자자금을 받지 않는 뮤추얼펀드이다. 거래소 상장펀드는 가입과 환매를 위해 며칠씩 기다릴 필요 없이 증권거래소에서 주식거래를 하듯이 거래할 수 있는 펀드이다. 뮤추얼펀드와 구분되는 헤지펀드는 뮤추얼펀드와는 다른 규제를 받으며, 일반 대중에는 판매되는 경우가 드물다.

주식형 뮤추얼펀드뿐 아니라 다양한 자산에 투자하는 펀드들이 있다. 채권, MMF펀드(money market fund), 부동산리츠펀드, 해외주식형 펀드, 해외채권형 펀드, 금펀드, 석유펀드 등 다양한 펀드들이 출시되어 있다.

뮤추얼펀드의 전설로 유명한 펀드매니저로는 피터 린치가 있다. 피터 린치는 1977년 2천 2백만 달러 규모의 마젤란펀드(Magellan fund)를 13년간 운용하며 연평균 수익률 29.2%를 기록해 시장수익률을 초과하는 수익률을 장기적으로 달성하였다. 이러한 초과수익률에 힘입어 1990년에는 140억 달러 규모의 세계 최대 뮤추얼펀드로 커지기도 하였으나, 1990년 4월 피터 린치는 은퇴하였다. 그러므로 훌륭한 펀드매니저가 있다면 자신이 직접 투자하는 것보다 그 사람이 운용하는 뮤추얼펀드에 가입하는 것이 높은 수익률을 올릴 수 있는 비결이다.

1. 거래소 상장펀드

 거래소 상장펀드(exchange-traded fund, ETF)는 거래소에서 주식처럼 거래되는 펀드이기 때문에 뮤추얼펀드보다 매수와 매도의 절차가 간편하다. 증권거래소에서 주식을 사고팔듯이 바로 ETF를 사고팔 수 있다. 환매 시 주식과 같이 매도 후 2영업일째에 현금화할 수 있다. 거래소에는 다양한 투자자산과 전략을 활용하는 ETF들이 상장되어 거래되고 있다.

 ETF를 매수할 때 주의할 점은 매수호가와 매도호가 사이의 차이이다. 호가갭이 1%라면 사실상 수수료로 1%를 지불하는 것과 같은 셈이다. 그러므로 같은 투자자산이라면, 예를 들면 같은 KOSPI200지수를 추종하는 ETF라면 호가갭이 작고 거래량이 많은 ETF를 매수하는 것이 거래 비용을 줄이는 방법이다.

[차트 19] 일본 증시에 상장된 KODEX200 ETF

펀드를 고를 때는 가장 먼저 투자 대상이 무엇인지 확인하여야 한다. 어느 나라에 투자하는지, 주식에 투자하는지, 채권이나 부동산에 투자하는지 등이다. 그리고 구체적으로 어떤 전략을 구사하고, 어떤 종목들을 위주로 투자하는지도 확인할 필요가 있다. 이러한 정보들은 펀드투자 설명서니 운용 보고서에 나와 있으므로 시간을 내서 읽어 보기를 바란다.

펀드를 고를 때 최근 수익률이 높은 기준으로 고르는 것은 최근에 급등했기에 다소 위험할 수 있다. 좀 더 장기적으로 보고 5년 혹은 10년 이상 수익률이 꾸준히 높은지 살펴보아야 한다. 단순수익률을 보는 것보다 샤프지수와 같은 위험 대비 수익률지표가 일반적으로 펀드의 성과를 측정하는 데 권장된다.

주식이나 채권의 장기적인 수익률이 일반적으로 한 자릿수이므로 수수료를 아끼기 위해 판매수수료와 운용수수료가 낮은 펀드를 고르는 것도 좋은 생각이다. 펀드 운용 인력이나 장기 운용 성과를 참고하는 것은 투자 대상이 무엇인지 보는 것 다음으로 중요하다. 주식형 펀드가 피터 린치와 같은 훌륭한 운용 인력에 의해 운용된다면 장기적으로 당신에게 높은 수익률을 올려 줄 것이기 때문이다.

국내 ETF들은 대부분 국내 자산운용사에서 상장하고 운용한다. 다음 표에 자산운용사별 ETF 머리말을 나열하였다. 같은 유형의 ETF라면 투자자가 신뢰하는 자산운용사의 ETF를 고를 수 있다. 되도록 거래량이 많은 ETF를 골라야 매매 시 호가 차이로 인한 손실을 줄일 수 있다.

ETF 머리말	자산운용사
KODEX	삼성자산운용
TIGER	미래에셋자산운용
ARIRANG	한화자산운용
KOSEF	키움투자자산운용
KINDEX	한국투자신탁운용
KBSTAR	케이비자산운용
HANARO	엔에이치아문디자산운용
파워	교보악사자산운용
SMART	신한비엔피파리바자산
마이티	디비자산운용
흥국	흥국자산운용
TREX	유리에셋

[표 4] ETF 자산운용사

🏛 1) ETF 살펴보기

국내 ETF들 중 일부를 대략적으로 살펴보며 어떤 ETF들이 있는지 감을 잡아 보자. 다음과 같은 펀드들을 주식매매하듯이 간편하게 매매할 수 있으며, 훨씬 많은 종류의 ETF들이 상장되어 있다.

- KODEX200: KOSPI200지수를 추종하는 ETF
- KODEX 코스닥150: 코스닥150지수를 추종하는 ETF
- KODEX 레버리지: KOSPI200지수 일간 변동률의 2배 정도로 변동하는 ETF
- KODEX 코스닥150 레버리지: 코스닥150지수 일간 변동률의 2배 정도로 변동하는 ETF
- KODEX 인버스: F-KOSPI200지수 일간 변동률의 1배 정도로 변동하는 ETF. KOSPI200지수가 하락하면 수익이 나는 ETF이다. F-KOSPI200지수는 KOSPI200주가지수 선물 중 최근 월물의 가격 움직임을 나타내는 지수이다.
- KODEX 삼성그룹: 삼성그룹주에 투자하는 ETF
- TIGER200 건설: 건설주에 투자하는 ETF
- KODEX 2차 전지산업: FnGuide 2차 전지산업지수를 추종하는 ETF
- KBSTAR 5대 그룹주: 삼성, LG, 현대자동차, SK, 포스코 그룹의 회사들에 투자하는 ETF
- KODEX 중국 본토 CSI300: 중국 본토 CSI300지수를 추종하는 ETF

- KINDEX 베트남 VN30(합성): 베트남 VN30지수의 일간 변동률을 추종하는 ETF

- TIGER 미국S&P500 선물(H): 미국 S&P500 Futures Excess Return지수의 변동률과 유사하게 움직이도록 설계된 ETF. 미국 S&P500지수와 유사하게 움직인다. '(H)'로 끝나는 ETF는 보통 환헤지가 된 상품을 뜻한다.

- TIGER 미국나스닥100: The NASDAQ-100지수를 추종하는 ETF

- TIGER 일본 TOPIX(합성 H): 일본 TOPIX지수를 추종하는 ETF. 환헤지가 되어 있어 엔화 가치의 변동 위험으로부터 보호되는 상품이다.

- KODEX 국고채 3년: MKF 국고채지수를 추종하는 ETF

- KOSEF 미국 달러 선물: 미국 달러화 선물의 변동률과 유사하게 움직이도록 설계된 ETF이다. 원화 대비 미국 달러화 가치의 상승에 베팅할 수 있다.

- KOSEF 미국 달러 선물 인버스: 미국 달러화 선물의 변동률의 1배 수준으로 움직이도록 설계된 ETF이다. 원화 대비 미국 달러화 가치의 하락에 베팅할 수 있다.

2. ETF 살펴보기

해외주식형 펀드나 ETF는 해외의 주식에 투자하는 금융 상품이다. 미국, 일본, 베트남, 중국 등 다양한 국가의 주식에 투자할 수 있다. 신흥국은 경제 성장률이 선진국보다 더 높을 수 있어 주식이 오를 때 더 많이 오를 수도 있지만, 사회 인프라라던가 정치적 부패라던가 여러 가지 사정으로 인하여 선진국보다 발전이 더디거나 오히려 역성장하는 경우도 많다. 선진국의 경우는 일반적으로 낮은 경제 성장률을 보이고, 일본처럼 잃어버린 20년을 보내는 경우도 있으며, 미국의 서브프라임 모기지 사태와 같은 글로벌 경제 위기가 일어나기도 하지만 신흥국보다는 좀 더 건실한 기업들이 많은 편이다. 세계시장 1등 상품들이 미국, 일본, 중국, 한국 등 주요국에 몰려 있으므로 단순히 개발도상국이라고 해서 주식이 높은 수익률을 보이는 것은 아니므로 주의하여야 한다.

해외주식형 펀드는 환매 시 약 2주 후(제10영업일)에 현금이 입금되는 펀드가 대부분이다. 하지만 해외주식형 ETF는 매도 시 주식과 같이 제2영업일에 현금이 입금된다.

코스피지수가 수년간 횡보 국면이었으므로 해외주식형 펀드는 비록 세금과 거래 비용이 더 비싸더라도 높은 수익률을 추구하는 사람들에게 기회를 제공한다.

3. 섹터펀드(업종펀드)

섹터펀드 또는 섹터 ETF는 특정 업종에 투자하는 펀드이다. 경기방어주, 삼성그룹, 건설, 반도체 등 다양한 산업 분야나 대기업그룹주 등에 투자하는 펀드들이 있다. 이러한 업종펀드는 해당 산업 분야가 어떻게 돌아가는지 산업적 특성을 잘 아는 전문가들에게 초과수익을 올릴 기회를 제공한다. 반도체 호황기라고 판단되면 반도체 업종펀드에 투자하여 KOSPI보다 훨씬 더 높은 수익률을 올릴 수도 있을 것이다. 하지만 높은 수익률의 반대급부로 위험성이 높다. 해당 업종이 하락 국면에 접어들면 종합 주가지수보다 더 떨어질 것이기 때문이다.

주식 종목을 발굴하는 데 너무 큰 노력과 시간을 들이는 것이 아까운 사람들은 업종펀드를 눈여겨 볼만하다. 하지만 산업적 특성을 이해하는 데는 전문성이 요구되고, 투자전문가들도 예측에 실패하기 일쑤이므로 주의하여야 한다.

4. 파생펀드

KODEX 레버리지나 KODEX 인버스 같은 파생 ETF들은 높은 변동성이나 주가지수의 반대 방향에 베팅할 수 있도록 해 주는 펀드들이다. KODEX 레버리지의 경우 KODEX200 ETF의 2배의 변동 폭으로 움직이므로, KOSPI200지수가 오를 것이라는 강한 확신이 있다면 매수하여 2배에 가까운 수익률을 올릴 수도 있다. 혹은 주가지수가 하락할 것을 예상하여 KODEX 인버스와 같은 인버스 ETF에 투자할 수도 있다.

파생펀드는 장기투자보다 트레이딩에 적합해 보이는데 트레이딩에 자신이 있는 사람이 아니라면 파생펀드를 매매하기보다 일반 펀드에 장기투자하는 것이 덜 위험하다.

5. 채권형 펀드

　채권형 펀드는 여러 가지 채권들에 분산투자할 수 있는 금융 상품이다. 일반적으로 주식형 펀드보다 안전한 투자 유형으로 분류되므로 보수적인 투자자에게 적합하다. 국채펀드가 회사채펀드보다 안전한 것으로 간주되며, 국채펀드의 수익률이 회사채펀드의 수익률보다 낮은 편이다. 안전도가 떨어지면 수익률이라도 높아야 투자자들이 사는 것이 이런 현상의 한 가지 이유이다.

　채권형 펀드도 ETF 형태로 많은 종류가 출시되어 있으며, 국공채, 회사채, 통안채, 단기채권, 장기채권 등 수익률과 특성을 살펴보고 거래소에서 매매하면 된다. 일반적으로 장기채권이 단기채권보다 수익률이 높지만 조금 더 위험하다. 채권은 만기까지 보유하면 원금을 돌려받지만 중간에 매매하려면 시장가에 매매해야 하므로 장기채권은 가격 변동의 위험에 장기간 노출된다.

　국채펀드가 일반적으로 회사채펀드보다 더 안전하다고 하지만 신흥국 채권형 펀드는 예외이다. 신흥국 채권형 펀드는 신흥국의 통화가치 하락 때문에 수십 % 손실이 나기도 하므로 아주 위험하다. 또한, 러시아처럼 원금 상환을 거부하는 경우도 가끔 있으므로 국채라고 해서 안전한 편이 아니다. 그래서 신흥 국채권형 펀드는 수익률이 높은 편이지만 이는 높은 위험도에 대한 대가이므로 주의하여야 한다.

채권형 펀드는 수익률이 예금 금리와 비슷할 정도로 낮은 경우가 많으므로 개인투자자들은 선호하지 않는 편이다. 고액자산가들은 자산을 지키기 위해 채권이나 채권형 펀드에 투자하는 경우도 많다. 하지만 KOSPI 주가지수가 약 10년간 횡보하는 동안, 국공채펀드 중에 약 50% 이상 수익이 난 펀드들도 많으므로 국공채펀드에 투자하는 것은 좋은 대안이 될 수 있다.

> **Tip**
> 주식이나 주식형 펀드와 비슷한 비중으로 국공채펀드나 ETF를 보유하면 투자자산의 변동성을 크게 감소시킬 수 있다. 잠재수익을 희생하는 대신 주식이 큰 손실이 난 시기에 국공채펀드는 조금이나마 수익이 날 가능성이 높으므로 전체 자산의 손실률은 줄어든다. 주식의 손실로 인한 고통을 감내하기 힘든 분들에게 추천되는 투자 방식이다.

6. 환헤지형 펀드

해외주식형 펀드나 해외채권형 펀드 등의 해외투자 펀드에 투자할 경우 펀드매니저는 일반적으로 입금된 돈을 해외 현지 통화로 환전하여 투자한다. 그래서 통화가치가 변동되는 위험에 노출된다. 예를 들자면, 일본주식형 펀드에 투자했는데 엔화가 원화 대비 10% 싸질 경우, 펀드의 수익률 10% 가까이 손실을 입는다.

이러한 환변동 위험을 방어하는 환헤지형 펀드와 환변동 위험에 그대로 노출되는 환노출형 펀드가 있다. 일반적으로 통화가치의 변동을 예측하는 것은 아주 어려우므로 환헤지형 펀드가 권장된다. 통화가치의 변동은 금융전문가들조차도 예측하기가 아주 어려우므로 굳이 환노출형 펀드를 매수해서 운에 맡기는 것보다 환헤지형 펀드로 위험을 줄이는 편이 더 나을 수 있다.

주식기초부터 헤지펀드까지

주식
투자
안내서

10

선물옵션

제10장

선물옵션

"솔직히 저는 시장을 보지 않고 위험과 보상, 그리고 돈을 봅니다."
- 잭 슈웨거, 《시장의 마법사들: 세계 최고의 트레이더들과 나눈 대화》중 래리 하이트

    선물(future), 옵션(option)은 아주 위험하므로 권장되지 않으며, 이 책에서는 자세히 다루지 않는다. 특히, 옵션은 공부할 내용이 많으며 아주 복잡하여 이해하기 어렵다. 선물옵션을 거래하기 위해서는 먼저 금융투자교육원이 제공하는 온라인 사전교육(약 30시간)과 한국거래소에서 제공하는 모의거래(50시간)를 의무적으로 이수하고 기본 예탁금 3천만 원을 증권사 선물옵션계좌에 예치하여야 한다.

1. 선물

기초자산을 미래의 일정 시점에 미리 정한 가격으로 사거나 팔아야 하는 계약이 선물이다. 선도(forwards)거래는 거래소가 없고, 상품이나 거래 방식이 표준화되지 않은 당사자 간 계약이며, 선물거래는 거래소에서 표준화된 상품을 거래하는 것이다.

대표적인 선물거래소인 시카고 상업거래소(Chicago mercantile exchange, CME)는 버터, 육류 등 농축산물 매매를 위한 시장으로서 1871년에 설립되었다. 1972년에는 세계 최초로 금융 선물 상품을 상장하였고, 1992년에는 세계 최초로 24시간 전자거래 플랫폼 글로벡스(Globex)를 도입하였다.

선물은 농축산물의 가격 변동에 대비해 미리 현재의 선물 가격으로 농산물을 사거나 팔고 싶을 때 거래되고는 하였다. 선물을 통해 농부는 수개월 후에 농축산물 가격이 폭락하여도 미리 계약해 둔 가격에 농산물을 팔 수 있다. 이처럼 선물옵션은 원래 헤지를 위해서 만들어진 금융 상품들이지만 투자, 위험 관리, 트레이딩 등에 활용되고는 한다.

선물은 만기일에 가격이 상승할 것으로 예상하는 매수자와 하락할 것으로 예상하는 매도자의 주문들을 모아 선물거래 중개회사가 계약을 체결시켜 준다. 이때 선물계약 시 실제 계약 규모의 일부인 증거금만을 납부한다. 그리고 만기일이 되면 실제 계약 규모에 해당하는 금액과 기초자산 실물을 교환하여야 한다. 하지만 금융 상품의 경우 실제로 실물인수도를 하는 경우보다 만기 전에 손익금액을 실현하고 계약을 청산하는 경우가 많다.

1) 코스피200 선물

코스피200 선물은 KOSPI200지수가 기초자산인 선물 상품이다. 코스피200 선물 가격×25만 원이 계약금액이다. 예를 들면, 코스피200 선물 가격이 280포인트인 경우, 25만 원을 곱하면 7천만 원으로, 1계약 당 7천만 원어치 코스피200지수를 사거나 파는 계약인 것이다.

코스피200 선물 계약 시 필요한 위탁증거금은 7.5%이므로, 코스피200 선물 가격이 280포인트일 때 7천만 원×7.5%=525만 원만 있으면 7천만 원짜리 코스피200 선물을 계약할 수 있다. 결제월은 3, 6, 9, 12월로 최종거래일은 각 결제 월의 두 번째 목요일이다. 최종결제일은 최종거래일의 다음 거래일로, 선물계약을 이행하는 날에 손익금액을 현금으로 정산을 받는다.

코스피200 선물의 정규장 거래시간은 오전 9시에서 오후 3시 35분까지이며, 최종거래일에는 오후 2시 50분까지 거래가 가능하므로 주의해야 한다. 만기가 도래한 종목은 정규장이 오후 3시 20분에 종료된다. 거래시간은 몇 년에 한 번씩 거래소 규정이 바뀌고는 하였으므로 증권사를 통해 확인해야 한다.

유지증거금은 계약금액의 5%이고, 평가손실로 인해 유지증거금이 모자라면, 증권사에서 선물계약을 강제로 청산한다. 투자자가 가진 증거금보다 손실이 더 커져서 미수금이 발생하지 않도록 예방하기 위함이다.

코스피200 선물을 매수한다면 실제 가진 돈보다 약 13.33배 금액의 코스피200지수를 사는 것과 비슷한 효과를 가지며, 이를 레버리지투자라 한다.

여기서 함정은 수익과 손실도 위탁증거금의 13.33배 정도라는 점이며,

280포인트에 매수한 코스피200 선물이 하락하여 250포인트(약 10.8% 손실)가 되었다면, 750만 원 평가손실이 나고, 위탁증거금 525만 원으로 손실을 감당할 수 없게 된다. 이러한 미수금을 방지하기 위해 기본예탁금 3천만 원을 예치하는 것이 의무가 된다. 이런 식으로 선물 가격이 급락하면 선물 매수자는 증거금을 모두 잃고 소위 말하는 깡통을 찰 수 있다.

2. 옵션

옵션은 미래의 특정 시점에 기초자산을 행사 가격에 사거나 팔 수 있는 권리이다. 코스피200 옵션의 경우 코스피200지수가 기초자산이며, 가격은 포인트×25만 원이다.

옵션 매수자는 손실이 나면 매수 권리를 포기함으로써 옵션 매수 가격만큼만 손실을 본다. 그러나 수익에는 제한이 없다. 옵션의 가치가 감소하면 옵션매도자가 돈을 버는 구조이다.

1) 콜옵션

콜옵션(call option)은 미래의 특정 시점(만기일)에 기초자산을 행사 가격에 살 수 있는 권리이다. 콜옵션 매수 가격은 권리에 대한 프리미엄 가격이다. 콜옵션 매수자는 만기 시 기초자산 가격이 옵션 매수 가격보다 더 큰 폭으로 오른 경우 수익을 낸다. 예를 들면 코스피200지수가 280일 때 행사 가격 280인 콜옵션을 5포인트에 산 경우, 만기에 코스피200지수가 285포인트가 되면 본전이고 290포인트가 되면 5포인트 수익이 난다. 옵션도 만기일 전에 청산하여 손익금액을 바로 정산할 수 있다.

기초자산 가격이 콜옵션의 행사 가격보다 아래라면 만기 시 가치가 0이 된다. 예를 들면, 행사 가격이 290인 코스피200 콜옵션의 경우, 만기 시 코스피200지수가 290 이하로 마감하는 경우 콜옵션의 가치가 0이 된다.

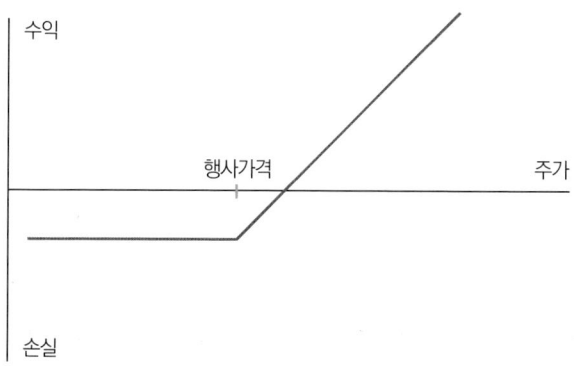

[그림 2] 콜옵션 매수 포지션 손익그래프

🏛 2) 풋옵션

풋옵션(put option)은 미래의 특정 시점(만기일)에 기초자산을 행사 가격에 팔 수 있는 권리이다. 풋옵션 매수자는 만기 시 기초자산 가격이 옵션 매수 가격보다 더 큰 폭으로 떨어진 경우 수익을 낸다. 예를 들면, 행사 가격이 280인 코스피200 풋옵션을 5포인트에 매수한 경우, 만기 시 코스피200지수가 270이면 5포인트 수익이 나고, 275로 마감되는 경우 본전이 된다. 만약 코스피200지수가 280으로 마감되면 돈을 다 잃는다.

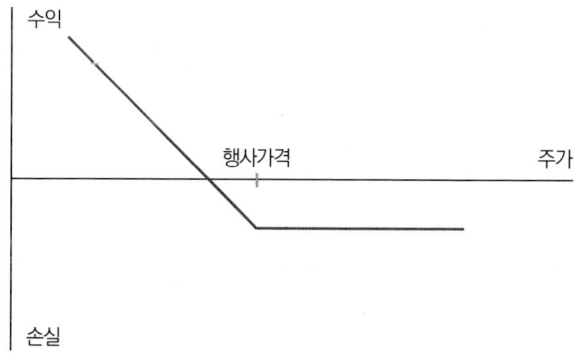

[그림 3] 풋옵션 매수 포지션 손익그래프

3) 옵션 가격 결정 요인

옵션 가격은 권리에 대한 프리미엄이기 때문에 적정 가격을 산출하는 것이 복잡하고 어렵다. 대체적으로 다음과 같은 요인들에 의해 옵션 가격이 영향을 받는다.

- 기초자산의 가격 변화: 콜옵션의 경우, 기초자산 가격이 오르면 콜옵션의 가격도 같이 오르는 경향이 있다.

- 기초자산의 변동성: 기초자산이 변동성이 커진 경우, 옵션 가격은 비싸질 수 있다. 이를 옵션 가격 중 일부로 내재변동성(intrinsic volatility)이라 한다.

- 만기일: 만기일까지 시간이 많이 남은 옵션의 가격이 더 비싼 경향이 있다. 이를 옵션 가격 중 시간가치(time value, time premium)라 한다.

- 행사 가격 도달 여부: 행사 가격에 미달인 경우, 기초자산이 움직여도 옵션 가격은 실질가치가 없어 프리미엄가치만 소폭 움직이는 경향이 있다. 행사 가격에 도달하고 옵션 매수 포지션의 수익 방향으로 더 깊이 갈수록 기초자산의 변동 폭과 같아지는 경향이 있다. 행사 가격 내로 들어온 경우 옵션 가격에 내재가치(intrinsic value)가 포함된다.

> 콜옵션의 내재가치 = 기초자산 가격 − 행사 가격
>
> 풋옵션의 내재가치 = 행사 가격 − 기초자산 가격

옵션의 가격을 산정하는 대표적인 이론 모형으로 피셔 블랙과 마이런 숄즈가 1973년에 고안한 블랙 숄즈 모형(Black-Scholes model)이 있다. 복잡한 수학 공식이므로 이 책에서는 생략한다.

4) 옵션 가격지표

옵션의 성질을 그리스 문자로 나타내고는 한다. 증권사 HTS에서 실시간으로 제공되며, 실시간으로 변화하므로 옵션 매수 당시의 옵션 가격지표들은 시간에 따라 크게 변할 수 있다. 이렇게 실시간으로 변화하는 옵션의 성질 때문에 옵션을 이해하고 거래하는 것이 굉장히 어렵다.

- 델타(delta): 기초자산 가격의 변동에 따른 옵션 가격 변동 폭. 델타가 0.5라면 기초자산의 변동 폭의 0.5배만큼만 옵션 가격이 변동한다.
- 세타(theta): 시간에 따른 옵션 가격 변화율
- 감마(gamma): 기초자산 가격 변동에 따른 델타의 변동률
- 베가(vega): 기초자산 가격변동성(volatility)의 변화에 따른 옵션 가격 변동률
- 로(rho): 금리 변동에 따른 옵션 가격 변동률

🏛 5) 등가격옵션

기초자산의 가격과 옵션의 행사 가격이 동일한 옵션을 등가격옵션(at-the-money option, ATM)이라 부른다. 예를 들면, 코스피200지수가 280일 때, 옵션 행사 가격이 280이면 그 옵션은 등가격옵션이다. 등가격옵션의 경우, 만기 시 옵션매수자는 수익이 나지 않는다. 만기 시 옵션매도자는 옵션판매 가격만큼 수익이 나고, 옵션 매수자는 옵션 매수 가격만큼 전부 잃는다.

🏛 6) 내가격옵션

기초자산의 가격이 옵션 행사 가격 내로 들어온 옵션을 내가격옵션(in-the-money option, ITM)이라 한다. 코스피200지수가 280일 때, 행사 가격이 275인 콜옵션이 내가격옵션이다. 만기에 코스피200지수를 275포인트에 살 수 있는 권리이므로, 해당 콜옵션을 5포인트 미만에 매수하였다면 수익이다. 코스피200지수가 280일 때, 행사 가격 280보다 큰 풋옵션도 내가격옵션이다. 내가격옵션은 내재가치가 있기 때문에 등가격옵션보다 비싸다.

7) 외가격옵션

기초자산의 가격이 옵션 행사 가격 밖에 있을 때 외가격옵션(out-of-the-money option, OTM)이라고 부른다. 코스피200지수가 280일 때, 행사가 285인 콜옵션은 285포인트에 코스피200지수를 매수할 수 있으므로, 코스피200지수 280보다 5포인트 더 비싸게 매수할 수 있는 권리이다. 이는 5포인트 더 비싸게 살 수 있는 권리이므로 가치가 없다. 이런 내재가치가 없고, 권리프리미엄만 있는 옵션을 외가격옵션이라 한다.

외가격옵션은 내재가치가 없고 내가격이 될 가능성만 보고 매매되므로, 등가격, 내가격옵션보다 가격이 싸다. 옵션으로 수십 배, 수백 배 수익이 났다고 소문이 나는 경우는 보통 외가격옵션을 매수한 경우인데, 대부분 가치 없이 만기가 되어 휴지가 되는 것이 일반적이다.

3. 합성 포지션

선물과 옵션 등을 조합하여 다양하고 복잡한 합성 전략을 취할 수 있다. 여기에 기본적인 합성 전략들을 소개한다.

1) 보호 풋

> 선물 또는 주식 현물 매수 + 풋옵션 매수

보호 풋은 선물 1 계약을 매수하고, 풋옵션 1계약을 매수하는 전략으로 주가지수가 많이 하락하여도 풋옵션 가격만큼만 손해를 본다. 반면, 주가지수가 많이 상승하면 주가 상승분에서 풋옵션 가격을 뺀 만큼 수익이 나게 되어 수익에 제한이 없다. 이러한 합성 포지션을 헤지드 포지션(hedged position)이라 한다. 이 포지션의 손익그래프는 콜옵션 매수 포지션과 같다.

2) 커버드 콜

선물 또는 주식현물 매수 + 콜옵션 매도

커버드 콜은 선물 1계약을 매수하고, 외가격 콜옵션을 매도하는 전략이다. 하락 시 가능한 손실은 무제한으로 열려 있지만, 외가격 콜옵션 가격만큼 손실이 줄어든다. 반면, 주가 상승 시 외가격 콜옵션의 행사 가격을 넘어서면 수익이 더 이상 늘어나지 않는다. 주가가 단기간에 크게 상승하지 않을 것이라 기대하고 주가 상승 포지션에 더해 콜옵션 가격만큼 수익을 보너스로 얻으려는 전략이다.

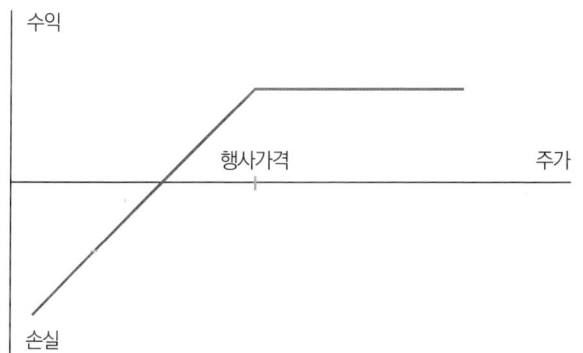

[그림 4] 커버드 콜 손익그래프

3) 스트래들

> 콜옵션 매수 + 풋옵션 매수

　스트래들은 옵션 양매수 포지션이라고도 한다. 기초자산의 변동성이 커질 것을 예측할 때 취할 수 있다. 수익이 나기 위해서는 기초자산의 변동성이 아주 커지거나, 만기까지 옵션 매수 가격의 합보다 기초자산이 한쪽 방향으로 더 크게 움직여야 한다.

　예를 들면, 코스피200지수가 280포인트일 때 콜옵션과 풋옵션을 각각 5포인트, 6포인트에 매수하였다면, 만기에 코스피200지수가 269포인트 아래이거나 291포인트 위이면 수익이 난다. 반면 코스피200지수가 만기에 269~291포인트 사이에 위치하면 손실이 난다.

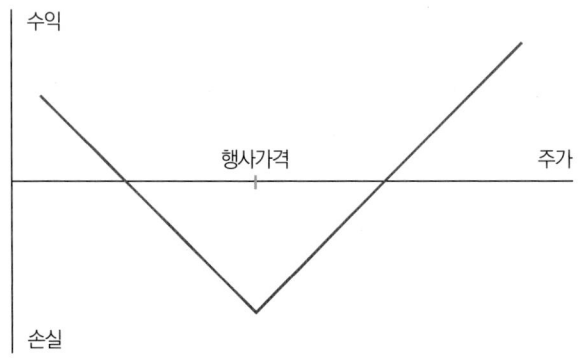

[그림 5] 스트래들 손익그래프

주식기초부터 헤지펀드까지

주식
투자
안내서

11

헤지펀드

제11장

헤지펀드

> "헤지펀드는 장기적인 생각을 하지 않는 것으로 압니다.
> 헤지펀드에게 있어 분기는 영원과 같습니다."
>
> - 조지프 스티글리츠

 헤지펀드(hedge fund)는 일정 금액 이상의 투자자들을 비공개로 모집하여 절대수익을 추구하는 펀드이다. 일반적으로 최소 가입 요건은 10억 원 이상이다. 운용수수료는 연간 1~4% 정도이며, 성과수수료는 수익의 10~50% 정도인데, 일반적으로 20% 수준이다. 또한, 1년 기준으로 손실이 날 경우, 손실을 복구하기 전까지 운용자에게 성과수수료를 지급하지 않는 워터마크 조항이 있는 경우가 많다. 헤지펀드가 절대수익을 추구하기 때문이다.

 헤지펀드는 일반적으로 환매가 자유롭지 못하고 수개월에 한 번씩 인출이 가능하다. 헤지펀드는 뮤추얼펀드와 달리 운용자의 재량에 따라 다양한 전략을 구사하며, 사서 보유하는 것뿐 아니라 공매도 전략을 취하는 경우도 많다. 또한, 헤지펀드는 운용 전략이 유연하여 레버리지를 쓰는 경우가 많다. 한국형 헤지펀드는 문턱을 많이 낮추어 최소 가입 요건이 1억 원인 경우가 많고, 뮤추얼펀드처럼 모집해 500만 원으로 가입 요건을 낮추어 판매하는 경우도 있다.

초기의 헤지펀드는 시장 위험에 대한 대비책(hedge)으로서 전망이 좋지 않은 주식은 공매도하고 전망이 좋은 주식을 매수하는 전략을 취하였다. 이런 전략이 현대 헤지펀드라는 용어의 어원이 되었다. 알프레드 윈슬로우 존스(Alfred Winslow Jones) 경은 'hedged fund'라는 용어를 만든 사람으로 유명하며 1949년에 첫 헤지펀드의 구조를 만든 것으로 알려졌다. 그보다 앞서 1920년대에 워런 버핏의 스승인 벤자민 그레이엄(Benjamin Graham)과 그레이엄의 오랜 사업파트너인 제리 뉴먼(Jerry Newman)은 부유한 투자가들을 대상으로 비공개펀드를 운용하였고, 그것은 초기의 헤지펀드라고 할 수 있다.

1970년대에도 헤지펀드들은 대부분 알프레드 존스와 같은 롱숏주식 전략(long/short equity model)을 사용했다. 롱숏주식 전략은 성장주나 가치주 주식에 롱 포지션(매수 포지션)을 취하고, 전망이 좋지 않거나 과도하게 비싼 주식에 숏 포지션(매도 포지션)을 취하는 전략이다. 1990년대의 강세장과 함께 많은 헤지펀드가 생겨났고, 다양한 전략들을 사용하는 헤지펀드들도 생겨났다.

1. 헤지펀드 전략

헤지펀드 전략은 주로 운용자의 특화된 전문적 지식과 기술에 따라 결정된다. 헤지펀드는 주식, 채권뿐 아니라 금, 원유, 구리와 같은 상품, 선물옵션, 스왑(swap) 등 다양한 자산에 투자한다. 또한, 운용자가 직접 투자하는 자유재량 전략과 컴퓨터에 크게 의존하는 시스템·양적(quantitative, 퀀트) 전략으로 나뉜다. 또한, 헤지펀드는 수익률을 올리기 위해 레버리지를 사용하는 경우가 많은데, 일반적으로 1.5~2.5배 수준의 레버리지를 활용한다고 한다.

2. 롱숏 전략

　롱숏 전략(long/short equity strategy)은 유망한 주식은 매수하고, 거품이 크거나 망해 가는 기업의 주식이나 주가지수를 공매도하는 전략이다. 시장이 하락하더라도 공매한 주식들이 수익을 내 주어 손실을 만회해 줄 것을 기대할 수 있다. 이는 펀드의 변동성과 위험을 줄이는 대신 일반적으로 수익률도 함께 줄어드는 효과가 있다. 헤지펀드의 주 고객이 거액 자산가이거나 연기금 같은 기관투자자인만큼 절대수익을 추구하므로 수익률을 높이는 것보다 손실을 내지 않는 것이 중요하다. 롱숏 전략은 헤지펀드 전략 중 가장 쉬워 보이는 전략이지만 실제로 해 보면 쉽지 않다.

　오를 주식을 맞추는 것도 어려운데 떨어질 주식을 맞추는 것도 마찬가지로 어렵다. 최악의 경우 매수한 종목은 떨어지고, 매도한 종목은 오르는 것을 목격할 수도 있다. 한국형 헤지펀드[5]는 대부분 롱숏 전략을 취하였으나 다양한 전략의 헤지펀드가 꾸준히 늘어나고 있다. 원래 롱숏 전략은 시장중립적인 전략이지만, 한국형 헤지펀드뿐 아니라 해외의 롱숏 전략 헤지펀드 중에 강세장에서의 수익률을 극대화하기 위해 롱 포지션의 비중이 과도하여 주가가 떨어질 때 손실을 많이 내는 경우도 많다. 또한 공매도로 위험을 낮춘 대신 레버리지를 활용하여 큰 수익률을 노리는 경우가 많다.

---

[5] '조정장에도 뭉칫돈 한국형 헤지펀드', 매일경제, 2018년 8월 21일

3. 글로벌매크로 전략

글로벌매크로 전략(global macro strategy)은 전 세계의 거시경제에 기반하여 주식, 채권, 통화, 상품시장에 투자하는 전략이다. 헤지펀드 전략 중 가장 어려운 전략 중 하나로 알려져 있고, 어려운 만큼 한국형 헤지펀드 중에 아주 작은 비중을 차지하고 있다. 조지 소로스가 글로벌매크로 전략의 대가로 유명하며, 파운드화를 공매도하여 영국 은행을 이긴 남자로 유명하다. 조지 소로스는 자유재량으로 투자하는 것으로 알려져 있지만, 다른 헤지펀드들 중에는 정교한 수학적 모델을 개발하여 시스템 트레이딩을 하는 경우도 많다.

글로벌매크로 전략은 장기보유뿐 아니라 트레이딩도 자주 하는 전략으로서 추세추종과 평균회귀를 적절히 활용한다. 글로벌매크로 전략은 선물옵션을 자주 활용하는 만큼 레버리지도 자주 활용한다. 2016년 조지 소로스[6]는 위안화 강세에 베팅하였다가 5.6억 달러(환율 천 100원으로 계산하면 6천억 원 이상)의 옵션 손실을 보았다고 한다. 이와 같이 선물옵션으로 트레이딩을 하는 경우가 많은 글로벌매크로 전략은 아주 고난이도의 운용 전략이다.

---

[6] '소로스도 만리장성은 못 넘었다', 이데일리, 2016년 3월 14일

4. 방향성 전략

방향성 전략(directional strategy)은 주식형 펀드와 크게 다르지 않을 수 있지만, 다양한 자산을 대상으로 하며, 레버리지 사용과 수수료 등에서 일반 뮤추얼펀드와 다르다고 할 수 있다. 주식, 이머징마켓, 산업 분야 등에 투자하기도 하고, 공매도를 하기도 한다. 또한, 수량적 모델을 활용하는 방향성 전략 헤지펀드를 수량적 방향성 전략이라고 한다.

5. 이벤트드리븐 전략

이벤트드리븐 전략(event-driven strategy)은 회사의 인수, 합병, 파산, 유동화, 구조조정 등 여러 사건들로부터 수익을 얻는 전략이다. 사건 전후의 시장 가격과 가치 사이의 괴리나 사건 전후에 예상되는 가격 변화를 활용하여 수익을 올린다. 대형 기관투자자들에게 적합한 투자 전략으로 전문 인력이 요구된다.

기업거래 사건들은 보통 부실증권, 성공적인 인수합병에 베팅하는 위험 재정거래, 기업의 구조조정, 증권 발행 또는 재매입, 자산 매각, 기업 분할 등의 특별한 상황으로 나뉜다. 이러한 사건 전후로 예상되는 가치 변화에 주목하는 전략으로 기업가치 평가에 대한 전문 지식이 요구된다. 부실증권투자는 가끔 워런 버핏도 실행하는 전략으로 파산이나 디폴트 위기에 놓인 기업의 채권을 할인된 값에 사는 전략이다. 이는 기업이 위기를 잘 극복할 것에 베팅하는 행위이다. 위험재정거래는 시장가와 인수가 사이의 차액만큼 수익을 내는 거래로서, 인수가 성공하면 위험재정거래가 성공하여 수익을 낸다.

6. 상대적 가치 전략

상대적 가치 전략(relative value strategy)은 높은 연관성을 지니는 증권 사이에서 가격 괴리를 활용하는 전략이다. 채권종류별 가격 스프레드(가격 차이)가 적정한지, 과도한지 분석하여 투자하거나 내재변동성과 실제변동성 간의 괴리에 대해 투자한다거나 하는 전략이다. 일종의 재정거래(arbitrage)로 볼 수 있다. 각 자산 종류별 펀더멘털 분석과 통계적·수량적 분석을 통해 적정 가격의 차이나 수익률의 차이를 구하고, 스프레드가 벌어지는 쪽으로 베팅하거나 스프레드가 좁아지는 쪽으로 베팅한다. 그렇기 때문에 이 전략은 일반적으로 방향성이 없다. 하지만 특별한 상황에서 스프레드가 반대로 더 벌어지거나 줄어들 수 있기 때문에 꼭 안전한 투자 전략이라고도 볼 수도 없다.

7. 펀드 오브 헤지펀드 전략

 헤지펀드들의 펀드 오브 헤지펀드 전략(fund of hedge funds strategy)은 추가적인 수수료로 인해 수수료가 더 비싸지만, 개별 헤지펀드의 위험을 분산시킨 전략이다. 좀 더 보수적으로 절대수익을 추구하는 자산가에게 적합한 전략이다.
 다중 전략(Multi-strategy)은 말 그대로 여러 가지 다른 전략을 구사하는 헤지펀드이다.

8. 헤지펀드의 수익률

2017년에 투자자들은 헤지펀드로부터 연 7.25% 수익률[7]을 기대하였고, 2018년엔 8.5% 수익률을 기대하고 있다. 헤지펀드의 평균수익률은 약 연 11.4% 수준으로 알려져 있으며, 일반적인 개인투자자들이 바라는 대박과는 거리가 멀다. 일반적으로 헤지펀드의 주 고객이 자산을 안전하게 불리길 원하는 고액자산가와 연기금이기 때문에 위험을 낮춘 절대수익을 추구하는 것으로 해석된다.

헤지펀드매니저인 조지 소로스의 퀀텀펀드(Quantum Fund)는 30년간 연평균 33%의 수익률을 올린 것으로 알려져 있다. 헤지펀드는 아니지만 위대한 주식투자가 워런 버핏의 버크셔 해서웨이는 연평균 20% 정도의 수익률을 기록하였으며, 피터 린치가 운용한 뮤추얼펀드인 마젤란펀드는 연평균 29.2%를 기록하였다. 퀀트 헤지펀드 제임스 사이먼즈(James Simons)의 르네상스 메달리온펀드(Renaissance Medallion Fund)는 5%의 운용수수료와 44%의 성과수수료를 제하고도 연평균 35%의 순수익률을 올렸다.

---

[7] 'Investors expect strong returns from hedge funds in 2018', Investment executive, 2018년 3월 6일

9. 영국 은행을 이긴 남자, 소로스

소로스는 영국 은행을 이긴 남자로 유명하다. 제2차 세계대전 후 유럽 국가들은 전쟁의 재발을 막기 위해서 서로 경제적으로 통합하길 원했다. 경제적 공동체로서 전쟁을 예방할 뿐 아니라 미국과 경쟁할 유럽통합시장을 만들려 했다. 그러한 노력으로 1979년 현재의 유럽연합의 전신이라고 할 수 있는 유럽환율 메커니즘(European exchange rate mechanism, ERM)을 만들었다. 당시 유럽 국가들은 자신들의 통화를 포기하길 원치 않았다. 대신 서로 간의 환율을 고정하는 제도를 택했다. 독일이 유럽에서 가장 큰 경제대국이었기 때문에 ERM에 가입한 국가들은 독일 마르크화(Deutschmarks)에 대한 고정환율을 설정하였고, ±6% 범위 내에서의 환율 움직임을 허용하였다.

영국 총리인 마가릿 대처는 영국이 ERM에 가입하는 것을 반대하였으나, 그녀의 힘으로는 다른 정치인들을 막기가 역부족이었다. 1990년 영국은 결국 ERM에 가입하였고, 1992년부터 영국 경제에 문제가 생기기 시작하였다.

한편, 퀀텀펀드 운용자 조지 소로스는 영국 파운드화가 너무 고평가된 것을 포착하였다. 그리고 다른 시장참가자들도 영국이 파운드화 환율을 유지시킬 수 없을 것이라고 믿기 시작하였다. 1992년 8월부터 소로스의 퀀텀펀드는 파운드화 공매도에 15억 달러의 포지션을 구축하였다.

영국 정부는 파운드화가 더 떨어지지 않을 것이라고 사람들을 안심시키려 노력했다. 하지만 소로스는 급소를 찌르는 전략을 택했고, 파운드화 포지션 규모를 100억 달러 정도로 과감하게 늘렸다. 이는 파운드화 폭락을 가속화하고, 퀀텀펀드의 수익을 증가시키는 데도 도움이 될 것이었다.

영국의 재무부 장관 노먼 라몬트(Norman Lamont)가 파운드화를 방어하기 위해 150억 달러를 빌리기로 했을 때, 소로스는 그 규모가 대략적으로 자신들이 공매도하려는 규모와 비슷했기에 오히려 기뻐했다고 한다. 다른 헤지펀드들도 소로스와 비슷한 포지션을 취하여 헤지펀드들의 전체 파운드화 공매도 규모는 수백억 달러에 이르렀다.

검은 수요일, 영국 정부는 파운드화를 사들여 방어를 시도하였지만, 파운드화를 받치기에는 역부족이었다. 영국 정부는 최후의 수단으로 금리를 10%에서 12%로, 2% 포인트 올렸다. 하지만 역시 파운드화의 폭락을 막을 수 없었다. 그러자 12%에서 15%로 금리 인상을 단행했다. 그러나 역시 파운드화의 폭락을 막을 수 없었다.

그날 저녁, 재무부 장관 라몬트는 결국 영국이 ERM에서 탈퇴할 것이고, 변동환율 제도로 돌아갈 것이라고 헤지펀드에 항복을 선언하였다. 소로스의 퀀텀펀드는 결국 10억 달러 정도의 수익을 올리고, 영국 은행을 이긴 남자라는 명성을 얻었다.

10. 르네상스 테크놀로지

르네상스 테크놀로지는 초창기의 퀀트(quant)헤지펀드 중 하나이다. 스토니 브룩 대학(Stony Brook University)의 수학과 교수인 제임스 사이먼즈가 1982년에 수량적(quantitative) 헤지펀드로서 설립하였다. 제임스 사이먼즈는 기하학과 패턴 인식에 대한 연구자로도 알려져 있으며, 국가기관을 위한 암호를 해독하는 작업을 하기도 하였다. 르네상스 테크놀로지는 놀랍게도 경제학이나 금융전문가 대신 수학자, 물리학자, 신호처리 전문가, 통계학자 등을 채용하여 금융시장에서의 가격 변화를 예측하는 컴퓨터 기반 모형들을 개발하였다. 일종의 데이터마이닝 또는 빅 데이터 분석을 행한 것으로 추측된다.

르네상스의 메달리온펀드는 주로 펀드 직원들의 투자금으로 운용되며, 폐쇄 형태로 추가자금을 받지 않는다. 1994년에서 2014년까지 20년 동안 연평균 약 35%의 순수익률(수수료 제외 전 연평균 71.8% 수익률)을 달성하였다. 이는 조지 소로스의 퀀텀펀드나 피터 린치의 마젤란펀드도 압도하는 놀라운 수익률이다. 또한, 2008년 금융 위기에도 메달리온 펀드는 98.2%의 수익률을 달성하였다고 한다. 그러므로 제임스 사이먼즈는 전 세계에서 가장 우수한 펀드매니저라고 할 수 있다. 제임스 사이먼즈는 2009년 은퇴하였으나 여전히 그는 메달리온펀드에 투자하고 있다.

초창기 퀀트펀드의 선구자로서 르네상스 테크놀로지는 시장의 주가를 예측하기 위하여 페타바이트(petabyte, 1,000TB(1,000테라바이트)} 수준의 데이터를 분석한다. 통계적 분석뿐 아니라 패턴 인식 같은 금융신호 처리를 활용하여 높은 수익률을 내는 것으로 알려져 있지만, 그것은 극비의 블랙박스로 남아 있다.

11. LTCM의 몰락

롱텀 캐피털 매니지먼트(Long Term Capital Management, LTCM)는 전 세계 채권의 스프레드를 활용한 재정거래(arbitrage)펀드로서 상대적 가치(relative value) 전략 헤지펀드이다. 존 메리웨더와 블랙-숄즈 모형(Black-Scholes model, 옵션 가격 산정 모형)을 개발한 숄즈가 시작한 헤지펀드로서 천재들의 펀드로 유명하다.

채권 사이의 상대적 가치를 추정하여 거래를 하였는데, 채권 사이의 가격 차이가 워낙 작았으므로 수익률을 극대화하기 위해 자본금의 약 25배 수준의 엄청난 차입금을 끌어다 썼다. 예를 들면 1% 수익을 낼 것을 차입금 포함 26배의 자금으로 26% 수준의 수익률을 낸 셈이다. 그러한 방식으로 연 21~43%의 순수익률을 달성하여 헤지펀드로서는 높은 성과를 냈다.

재정거래가 무위험거래로 알려져 있는 데다 높은 수익률과 운용자들의 배경을 보고 많은 투자자금이 LTCM에 몰렸다. 하지만 펀드 규모가 커져 재정거래 기회가 충분치 않자, 1997년 말 일부 투자금을 투자자들에게 돌려주고, 다른 전략들을 시도하였다. LTCM은 인수합병 같은 이벤트드리븐 전략이나 주가의 방향에 베팅하거나 옵션을 매도하여 프리미엄수익을 내기도 하였다.

그러나 위기는 1998년 8월 17일 러시아가 국채 채무 상환을 거부하는 디폴트(default) 선언을 함으로써 닥쳤다. 일반적으로 국채는 안전한 것으로 여겨졌지만, 러시아는 상식을 깨고 국채 상환을 하지 않았고, 투자자들은 화들짝 놀랐다. LTCM은 손실로 전환하였고, 투자자들은 위험을 회피하기 위해 안전자산으로 달려갔다. 모든 시장의 자산 가격은 크게 변하였다. LTCM과 비슷한 재정거래를 하던 살로몬 브라더스(Salomon Brothers)가 먼저 재정거래 전략으로부터 탈출하면서 가격은 LTCM의 베팅과 반대로 움직였고 LTCM의 손실은 불어났다. 설상가상으로 안전자산에 대한 수요가 급증해 LTCM의 포지션과 정반대로 가격이 움직였고, LTCM이 큰 손실을 본 것이 알려지자 비슷한 포지션을 취하고 있던 투자자들조차 투매하면서 LTCM의 위기는 더 악화되었다.

LTCM은 자본의 대부분을 잃었고, 채무를 갚지 못할 위기였다. 하지만 LTCM의 덩치가 너무 커서 금융시장에 연쇄적인 위기를 초래할 것을 염려한 골드만삭스와 버크셔 해서웨이를 비롯한 많은 회사들이 LTCM에 구제금융을 제공하여 추가적인 위기를 막음으로써 LTCM의 몰락은 마무리되었다.

메리웨더는 JWM 파트너스라는 비슷한 전략을 구사하는 상대적 가치 전략 헤지펀드를 다시 설립하였다. 하지만 2008년 서브프라임 모기지로 인한 금융 위기에서 44%의 손실을 기록하며 다시 폐쇄되었다.[8]

---

[8] 'John Meriwether to shut hedge fund', Bloomberg, 2009년 7월 8일

주식기초부터 헤지펀드까지

주식
투자
안내서

12

경제지표

제12장

경제지표

"나의 투자조언은 경제학 이해에 뿌리를 둔다."

- 피터 쉬프

    투자를 함에 있어 지표는 어두운 밤바다의 등대와 같은 역할을 할 수 있다. 많은 개인투자자들이 다른 사람들의 말만 믿고 투자를 한다. 지표는 객관적인 수치로서 투자자 스스로 판단하는 데 많은 도움이 될 수 있다.

    이 장은 경제지표와 주식시장지표 등을 소개한다. 경제지표는 현재 호황인지 경기침체인지 등을 판단하는 데 활용될 수 있다. 주식시장지표는 주식시장의 과열이나 위험 등을 판단하는 데 도움이 될 수 있다.

1. 미국국내총생산

미국국내총생산(GDP)은 소비, 기업고정투자, 기업재고변화, 정부지출, 순수출로 이루어진다. 미국의 경우 GDP 중 약 71%가 소비이다. 미국은 내수의 비중이 큰 국가로서 왕성한 수입국이므로, 순수출은 GDP 대비 -5% 수준이다. 그러므로 미국 내에서의 소비는 미국기업들의 매출에 큰 영향을 미칠 뿐 아니라 중국과 한국, 일본 같은 수출이 많은 나라의 경제에도 영향을 미친다.

일반적으로 경기후퇴(recession)는 GDP가 2분기 연속 감소할 경우로 정의된다. 이때는 나라 전체의 소비가 급감하므로, 대부분 기업들의 매출도 감소하며 주가도 이를 반영하여 이미 하락했거나 더 하락할 수 있다.

GDP는 물가를 감안하지 않은 명목GDP와 물가를 감안한 실질GDP로 나뉜다. 실질GDP증가율이 실질적으로 양과 질 측면에서 총생산이 증가한 것이며, 실질GDP가 그대로이고 명목GDP만 올랐다면 물가만 오른 것이다.

- 미국GDP: https://www.investing.com/economic-calendar/gdp-375

2. 경기순환

세계경제는 무조건 성장하는 것은 아니며, 성장을 하다가 과열되기도 하고 침체에 빠지기도 하는 순환(Business Cycle)과정을 거친다.

① 성장단계: GDP증가율이 양수로서 경제가 성장하는 단계이다.
② 약화단계: GDP증가율이 감소하며 경제의 성장률이 감소하는 단계이다.
③ 침체단계: GDP증가율이 음수로서 경제가 후퇴하는 단계이다.
④ 회복단계: GDP증가율이 차츰 회복하는 단계이다.

3. 실업률

실업률(Unemployment Rate)은 민간 경제활동인구 중 실업자의 비율을 의미한다. 미국 실업률은 매월 첫 주 금요일에 발표된다.

경기가 후퇴하고 기업들이 어려워지면 실업률이 올라간다. 많은 사람들이 직장을 잃고 소득이 감소하면 소비여력이 줄어들어 매출이 감소하는 기업들이 많아지게 된다. 이는 곧 주가하락으로 이어질 수 있다. 경제위기 시에는 실업률이 10% 정도까지 치솟기도 한다.

- 미국실업률: https://www.investing.com/economic-calendar/unemployment-rate-300
- 한국실업률: https://www.investing.com/economic-calendar/south-korean-unemployment-rate-469

4. 주간 실업수당신청 건수

미국 주간 실업수당신청 건수(Initial Jobless Claims)는 매주 목요일 발표된다. 실업 후 실업보험 수당을 신청한 건수를 나타낸다.

실업률보다 발표주기가 짧으므로 더 빠르게 실업현황을 파악할 수 있는 지표이다.

실업률과 마찬가지로 큰 폭으로 늘어나면 경제 및 기업실적에 나쁜 영향을 미칠 수 있다.

- 주간 실업수당신청 건수: https://www.investing.com/economic-calendar/initial-jobless-claims-294

5. ADP 비농업 고용변화

ADP 비농업 고용변화(ADP Nonfarm Employment Change)는 ADP사와 Macroeconomic Advisers가 집계하여 매월 초 실업률발표 2일 전인 수요일에 발표된다.

전체 민간 일자리의 1/6 정도의 급여데이터를 처리하는 ADP의 데이터를 기반으로 고용변화를 발표한다.

정부 고용발표보다 이틀 앞서 발표되며 상관관계가 높으므로 중요한 참고수치이다.

이 수치가 증가하면 고용이 증가하여 미국인들의 소비여력이 증가한 것으로 볼 수 있다. 반대로 큰 폭으로 감소하면 경기에 부정적이다.

- ADP 비농업 고용변화: https://www.investing.com/economic-calendar/adp-nonfarm-employment-change-1

6. 소비자신뢰지수

 소비자신뢰지수(Consumer Confidence Index)는 컨퍼런스 보드가 집계하여 매월 마지막 화요일에 발표된다. 소비자의 경제적 심리상태를 설문하여 조사한 값이다.
 소비자가 자신의 현재 경제상태와 향후 경제전망에 긍정적이라면 소비지출을 활발하게 하는 경향이 있으므로 소비자신뢰지수가 증가하면 경제 및 기업매출에 긍정적인 것으로 해석할 수 있다.
 소비자신뢰지수는 약 5천 가구를 대상으로 조사한 값이므로 아주 정확도가 높지는 않고 변동폭이 큰 편이다.

- 컨퍼런스보드 소비자신뢰지수: https://www.investing.com/economic-calendar/cb-consumer-confidence-48

7. 개인소득과 개인지출

미 상무부 산하 경제분석국에서 매월 4주 차쯤에 지난달의 개인소득과 개인지출(Personal Income and Personal Spending)을 발표한다.

개인소득은 세전소득이며 개인지출은 저축하지 않고 소비한 금액이다. 개인지출은 상당 부분 기업의 매출로 이어지므로 주식시장에 의미 있는 지표이다. 전월 대비 변화율에 주시할 필요가 있다.

- 미국 개인소득: https://www.investing.com/economic-calendar/personal-income-234
- 미국 개인지출: https://www.investing.com/economic-calendar/personal-spending-235

8. 미국 레드북 소매판매지수

미 레드북 소매판매지수(Redbook Index)는 매주 화요일에 발표되며, 약 9,000개 정도의 미국 대형 소매업장 중 일부의 전년 대비 판매액 변화율이다.

소매판매지수는 미국인들의 소비지출 중 일부를 가늠하는 데 활용되는 지표이다.

소매업종 경기뿐 아니라 미국 경기를 가늠하는 데에도 도움이 된다. 미국 경제에서 소비가 차지하는 비중이 가장 크기 때문이다.

- 미국 레드북 소매판매지수: https://www.investing.com/economic-calendar/redbook-911

9. 내구재 주문

매월 3~4주 차에 전월의 값이 발표된다. 내구재는 자동차, 컴퓨터, 항공기 등 3년 이상의 평균수명을 가진 내구성이 좋은 상품들을 말한다.

내구재 주문(Durable Goods Orders)은 현재의 생산량이 아니라 몇 달 내로 생산하게 될 내구재에 대한 주문량이므로, 미래 생산에 대한 선행지표로 볼 수 있다.

자동차나 항공기 등의 주문은 금액이 커서 대출을 받아서 하는 경우가 많으므로 개인이나 기업들이 현재의 경제적 상태와 미래전망이 안정적일 때 많을 것으로 해석할 수 있다.

방위산업재와 항공기는 가끔 큰 변동폭을 보이므로 이들을 제외한 신규 주문을 보기도 한다.

- 미국 내구재 주문: https://www.investing.com/economic-calendar/core-durable-goods-orders-59

10. 산업생산

미 연방준비국은 매월 15일경 산업생산(Industrial Production) 수치를 발표한다. 미 연준의 발표는 미국의 통화정책을 담당하므로 전 세계 투자가들의 주목을 받는다.

산업생산지수는 미국 전 산업부문에 걸쳐 생산된 제품의 양을 나타낸다. 가격은 고려하지 않기 때문에 물가변화에 영향을 받지 않고 실질적인 생산량으로 볼 수 있다.

산업생산은 제조업과 밀접한 관련이 있으며, 제조업은 미국 경제에서 20% 미만을 차지한다.

미국 경제의 대부분을 담당하는 서비스업과는 달리 제조업은 경기에 아주 민감하게 반응하므로 제조업 관련 지표들은 경기를 가늠하는 데 있어 더 중요하게 다뤄진다.

- 미국 산업생산: https://www.investing.com/economic-calendar/industrial-production-1755

11. 설비가동률

설비가동률(Capacity Utilization Rate)은 산업생산과 함께 미 연준에서 발표한다.

설비가동률은 가동 중인 생산설비의 비중을 측정한다. 설비가동률이 100%라면 생산시설이 모두 가동되고 있을 정도로 호황이라는 의미로 해석될 수 있지만, 80%만 넘어도 아주 높은 수치에 해당한다.

산업생산과 함께 제조업 지표로서 경기에 아주 민감하게 반응한다.

설비가동률이 감소하면, 유휴 생산시설이 많아진다는 것으로 제조기업들의 주문량이 감소하고 있다는 것이고, 이는 곧 노동자해고로 이어져 실업률 상승으로 이어진다.

공장의 설비가동률이 100%라면 생산보다 소비가 많다는 의미이고, 이는 곧 품귀현상으로 가격상승을 일으킨다. 그러므로 설비가동률이 아주 높은 수준이라면 물가가 상승할 수 있다.

- 미국 설비가동률: https://www.investing.com/economic-calendar/capacity-utilization-rate-31

12. ISM 제조업 구매관리자지수

ISM 제조업 구매관리자지수(ISM Manufacturing PMI)는 공급관리자협회(ISM)가 매월 첫 영업일에 발표하는 제조업 지표이다.

미국 제조업체들의 구매관리자들에게 자재 조달 상황을 설문하여 제조업활동을 지수화한 것이다. 제조업체에 주문이 늘어나면 생산을 위해 자재 주문도 늘어난다. 그러므로 ISM제조업지수는 미국 제조업 기업들의 매출과 아주 깊은 관련이 있다.

구매관리자지수는 5개의 세부 수치를 가중평균한 값이다.

- 신규주문: 신규주문의 변화. 미래 생산을 가늠할 수 있다.
- 제조업생산: 생산량의 변화
- 고용: 고용의 변화
- 공급자운송시간: 자재운송시간으로 길어지면 공급받는 데 오래 걸린 것으로 자재수요가 많은 상태로 해석할 수 있다.
- 재고: 재고량 변화

구매관리자지수는 50 이상이면 제조업이 성장 중인 것이며, 50 미만이면 제조업이 하강 중인 것으로 해석한다.

- ISM구매관리자지수: https://www.investing.com/economic-calendar/ism-manufacturing-pmi-173

13. ISM 비제조업 구매관리자지수

ISM 비제조업 구매관리자지수(ISM Non-Manufacturing PMI)는 매월 세 번째 영업일에 발표된다.

비제조업은 미국 경제의 80% 정도를 차지하므로 제조업보다 훨씬 비중이 크다. 하지만 비제조업은 제조업보다 안정적이기 때문에 경기에 빠르게 반응하지 않는 편이다.

비제조업 구매관리자지수마저 큰 폭으로 떨어진다면 미국 내수경제가 크게 약화되어 심각한 것으로 해석할 수 있다.

제조업 구매관리자지수와 마찬가지로 50 이상이면 비제조업이 성장한 것으로 보고, 50 미만이면 하강한 것으로 본다.

- ISM 비제조업 구매관리자지수: https://www.investing.com/economic-calendar/ism-manufacturing-pmi-173

14. 주택착공 건수와 허가건수

주택착공과 허가건수(Housing Starts and Building Permits)는 매월 2~3주 차에 미 상무부에서 발표한다.

주택 착공건수는 건설이 시작된 건수이고, 허가건수는 앞으로 건설이 시작될 건수를 나타낸다.

주택착공과 허가건수가 증가한다는 것은 가계 경제가 그만큼 좋다는 것을 반영한다고 볼 수 있다.

주택건설은 많은 원자재와 건설재, 그리고 노동자를 필요로 하므로 관련기업매출 및 노동자 소득에 기여한다. 그뿐 아니라 가구, 가전제품, 각종 생활용품 등의 구매로도 이어지게 된다. 그러므로 주택건설이 경제와 관련기업매출에 미치는 파급효과는 크다.

- 미국 주택착공 건수: https://www.investing.com/economic-calendar/housing-starts-151
- 미국 건축허가 건수: https://www.investing.com/economic-calendar/building-permits-25

15. 기존 주택 판매

미국 기존주택 월간 판매량(Existing Home Sales)은 매월 4~5주 차에 발표된다.

기존 주택 판매는 주택매매의 80% 정도를 이루지만 건설자재 등에 미치는 파급효과는 작다. 하지만 이사 후 가구와 가전제품, 생활용품 등의 구매가 이루어지는 경우가 많고, 부동산중개업자와 은행 등의 매출에도 도움이 되기 때문에 경기를 자극하는 효과가 있다.

기존주택 판매가 늘어난다는 것은 국민들의 소득에 대한 전망이 좋다는 의미이기도 하다. 그러므로 이 지표가 증가한다는 것은 경제가 성장 중으로 해석할 수 있다. 또한 가구업체 등의 매출이 성장할 것으로도 볼 수 있다.

- 기존 주택 판매: https://www.investing.com/economic-calendar/existing-home-sales-99

16. 신규 주택 판매

미국 신규 주택 판매량(New Home Sales)은 매월 4주 차에 발표된다. 주택착공과 건설허가건수는 건설업체들의 주택건설 활동을 나타내지만, 신규주택판매량은 건설된 주택들이 실제로 얼마나 팔렸나를 보여 준다. 이는 곧 건설업체들의 주택건설 투자가 실제 매출로 연결되는 것을 의미한다.

신규 주택 판매량이 증가추세를 보이는 것은 건설업체들에 호재일 뿐 아니라 나라 경기가 좋다는 것을 나타내는 한 가지 지표이기도 하다.

- 신규 주택 판매: https://www.investing.com/economic-calendar/new-home-sales-222

17. 장기적인 경제성장을 위한 요소들

- 노동인구증가: 고령인구비중이 높은 나라들은 경제성장률이 떨어진다.
- 생산성(기술 등) 증가: 같은 노동인구로도 더 많은 부가가치를 가진 제품을 생산할 수 있다.
- 생산자본의 증가: 수작업보다 기계로 더 많이 생산할 수 있다.

일본처럼 고령화 등으로 노동인구가 감소하면 당연히 국가 전체로 봤을 때 생산량이 떨어지는 경향이 있다. 이를 보완하기 위해 일본처럼 기술비자 등으로 숙련노동인력을 유입시키는 나라들도 많다.

더 높은 부가가치를 가진 제품을 생산하는 등 생산성을 높임으로써 총 생산을 늘릴 수 있다.

소로 농사를 짓는 것보다 농기계로 농사를 지으면 훨씬 더 많은 농산물을 생산할 수 있듯이 고정자본을 늘림으로써 경제성장을 촉진할 수 있다.

장기적인 경제성장이 뒷받침되지 못하면 일본처럼 잃어버린 20년을 보내거나 주가가 박스권에 머무를 가능성이 높아진다. 장기적인 경제성장이 뒷받침되는 나라에 투자하는 것은 좋은 전략일 수 있다.

18. 필라델피아연준 제조업지수

필라델피아연준은 매월 3주 차 목요일 제조업지수(Philadelphia Fed Manufacturing Index)를 조사하여 발표한다.

뉴욕엠파이어스테이트지수와 같이 0보다 크면 성장, 0보다 작으면 하강을 나타낸다.

필라델피아연준 관할구역의 250개 제조업체의 최고경영자들로부터 설문조사를 실시하여 현재와 향후 기업전망에 대한 평가를 취합한다.

다른 지역 제조업지수와 마찬가지로 ISM제조업지수보다 더 빨리 정보를 얻기 위해 발 빠른 투자자들은 지역 제조업지수를 통합하여 투자판단을 하는 데 참고한다.

- 필라델피아연준 제조업지수: https://www.investing.com/economic-calendar/philadelphia-fed-manufacturing-index-236

19. 리치몬드 제조업지수

리치몬드 제조업지수(Richmond Manufacturing Index)는 리치몬드연준은행에 의해 매월 4주 차 화요일에 발표된다.

메릴랜드, 노스캐롤라이나, 사우스캐롤라이나, 버지니아, 웨스트버지니아, 콜롬비아 등 지역의 제조업체들을 대상으로 현재와 향후 전망에 대한 설문조사를 실시하여 지수화한 것이다.

다른 제조업지수와 마찬가지로 출하량, 신규주문량, 고용자수, 등을 조사한다. 다른 지역 제조업지수와 함께 보아야 하는 지표이다.

- 리치몬드 제조업지수: https://www.investing.com/economic-calendar/united-states-richmond-manufacturing-index-263

20. 시카고 구매관리자지수

시카고 구매관리자지수(Chicago PMI)는 매월 마지막 영업일에 발표된다.

미국 중서부 지역의 기업경기를 설문조사를 통해 지수화한 것이다. ISM 구매관리자지수가 발표되기 바로 전에 발표되기 때문에 좀 더 빠른 정보를 얻을 수 있다.

이 지표가 국가 전체를 대표하는 것은 아니기 때문에 주의해야 한다. 50 이상이면 성장, 50 미만이면 하강을 의미한다.

- 시카고 구매관리자지수: https://www.investing.com/economic-calendar/chicago-pmi-38

21. 뉴욕 엠파이어스테이트 제조업지수

뉴욕 엠파이어스테이트 제조업지수(NY Empire State Manufacturing Index)는 뉴욕주의 제조업활동변화를 나타내는 제조업지수이다.

뉴욕 연준에서 설문조사하여 매월 15일경 발표된다.

ISM제조업지수보다 더 빨리 경기를 판단하고 싶어 하는 투자자들은 각 지역의 제조업지수를 취합한다. 비록 뉴욕에 제조업체들이 상대적으로 많지는 않지만, 뉴욕 제조업지수는 다른 지역 제조업지수와 같은 방향을 보일 때가 많으므로 미국 경기를 판단하는 데 좋은 지표가 된다.

ISM 제조업지수와 달리 0보다 크면 성장, 0보다 작으면 하강을 나타낸다.

- 뉴욕 엠파이어스테이트 제조업지수: https://www.investing.com/economic-calendar/ny-empire-state-manufacturing-index-323

22. 캔자스시티연준은행 제조업지수

캔자스시티 제조업지수(KC Fed Manufacturing Index)는 매월 3주 차경에 발표된다.

캔자스시티연준은행의 10개 관할지구의 300여 제조업공장을 대상으로 설문조사를 실시하여 지수화한 것이다.

생산량변화, 출하량, 원자재가격변화, 신규주문, 고용자수, 제품의 가격변화, 공급자 운송시간 등을 조사한다.

다른 지역 제조업지수와 마찬가지로 발 빠른 투자자들이 참고한다.

다른 지역연준 제조업지수처럼 0보다 크면 성장, 0보다 작으면 하강을 나타낸다.

- 캔자스시티연준은행 제조업지수: https://www.investing.com/economic-calendar/kc-fed-manufacturing-index-899

23. 연방공개시장위원회 보고서

FOMC정례회의는 연간 8회, 대략 6주마다 소집되며 회의가 끝난 후 결과를 연방공개시장위원회 보고서(FOMC Statement)에 공개한다.

미연준의 금리결정과 전망은 전 세계 경제와 금융시장에 크나큰 영향을 미치기 때문에 투자은행과 투자자들은 이 보고서의 단어선택조차도 분석한다. 이 보고서에 의해 채권금리가 급격하게 변하기도 하며, 전 세계 주가가 출렁이기도 한다.

하지만 이 보고서를 해석하는 데는 전문성이 요구되기에 개인투자자들은 일반적으로 그냥 참고만 하는 용도이다. 연준회의 후에는 뉴스나 투자기관의 해석이 쏟아져 나오기 때문에 개인투자자들은 굳이 직접 읽지 않고 뉴스나 증권사분석자료 등을 통해 번역된 요약정보를 접할 수 있다.

향후 금리를 인하하는 등 완화적인 기조를 보이면 비둘기적이다, 라고 하며, 금리를 인상하는 등 긴축적인 기조를 보이면 매파적이다, 라고 한다.

향후 수년간의 금리전망도 실려 있지만 미연준조차도 미래 금리는 잘 못 맞춘다. 코로나19바이러스 사태와 같은 돌발악재를 미연준이라고 해서 예측할 수 있는 건 아니기 때문이다.

- FOMC보고서: https://www.federalreserve.gov/monetarypolicy/fomccalendars.htm

24. 한국 수출량

　매월 1일 발표되는 한국 수출량(South Korea Exports)은 세계 경제와 밀접하게 연동되는 편이다.
　한국에서 수출하는 주요선진국들의 경기가 좋아야 한국의 수출량도 늘어나기 때문이다. 한국은 수출중심 경제국으로서 수출량의 변화는 삼성전자와 같은 많은 수출중심 기업들의 매출변화를 추측할 수 있게 도움을 주는 지표이다.
　또한 한국은 수출의존도가 높기 때문에 수출량의 변화는 한국에서의 고용과 경기, 주가에도 큰 영향을 미친다고 볼 수 있다.

- 한국 수출량 변화: https://www.investing.com/economic-calendar/south-korean-export-growth-1316

25. 소비자물가지수

미국 노동통계국은 매월 2~3주 차에 소비자물가지수(Consumer Price Index)를 발표한다.

소비자물가지수는 소비자의 삶과 밀접한 제품과 서비스의 물가를 가중평균한 값이다. 주택, 가구, 식료품, 교통비, 의료비, 의복, 여가, 교육 등 많은 제품과 서비스들의 가격변화를 측정한다.

핵심소비자물가지수는 변동성이 큰 식품과 에너지물가를 제외한 물가지수이다.

물가상승은 실질투자수익률을 떨어뜨리고 화폐가치를 떨어뜨리므로 너무 높은 물가상승률은 부정적이다.

아주 낮거나 마이너스의 물가상승률은 수요가 적어서 가격을 낮추는 것으로 경기침체로 해석된다.

아주 높은 물가상승률은 경기과열이거나 통화량이 급증한 것으로 중앙은행의 금리인상의 방아쇠가 될 수 있다. 금리인상은 주택대출금리 인상뿐 아니라 기업대출금리도 상승시키므로 기업과 가계경제에 압박을 주게 된다.

물가가 급등하는 것도 화폐가치를 떨어뜨려 경제주체에게 고통을 유발시키는 반면 0% 혹은 마이너스의 물가상승률은 경기침체와 저수요에 의한 것으로 경제주체가 소비를 뒤로 늦추는 등 악순환을 유발할 수 있다.

- 미국 핵심소비자물가지수: https://www.investing.com/economic calendar/core-cpi-736
- 미국 소비자물가지수: https://www.investing.com/economic-calendar/cpi-733

26. 생산자물가지수

미국 노동통계국은 매월 2~3주 차에 생산자물가지수(Producer Price Index)를 발표한다. 기업이 구매하는 원자재, 중간재, 최종재의 물가를 조사하고 계절조정한다.

생산자물가지수는 제조, 농업, 수산, 광산업, 전기, 가스 산업 등에 속한 약 10만 개의 상품가격들로 계산된다.

최종재는 더 이상 가공되지 않고 소비자에게 판매되는 상품이다. 최종재는 자동차, 농기계, 기계공구, 가솔린, 의류, 가구, 계란, 채소, 육류 등을 포함한다.

식품류와 에너지는 가격변동이 커서 제외하고 보기도 한다. 중간재는 원자재와 최종재 사이의 상품들이다. 중간재에는 부품, 밀가루, 철강제품 등이 있다.

원자재는 곡류, 천연가스, 석유, 목재 등을 포함한다.

- 생산자물가지수: https://www.investing.com/economic-calendar/ppi-238

27. 고용비용지수

미국 노동통계국은 4, 7, 10, 1월 마지막 목요일에 고용비용지수(U.S. Employment Cost Index)를 발표한다.

고용비용지수는 기업이 치르는 비용 중 가장 큰 비용인 노동비용의 변화를 추적하기 위한 지표이다.

고용비용의 상승은 경기가 좋다는 의미이기도 하지만 지속적인 고용비용상승으로 인하여 기업의 이윤이 줄어들 수도 있으며, 물가도 상승할 수 있다.

기업의 이윤을 훼손하지 않으려면 생산성향상이 고용비용상승률보다 높아야 한다. 그렇기 때문에 꼭 좋다고 볼 수만은 없으며, 중앙은행의 금리인상을 유발할 수도 있다.

- 미국 고용비용지수: https://www.investing.com/economic-calendar/employment-cost-index-331

28. 생산성

미국 노동통계국은 매분기 종료 5주 후에 생산성수치(Nonfarm Productivity)를 발표한다.

생산성은 노동자가 같은 시간에 얼마나 고부가가치 또는 많은 양의 제품이나 서비스를 생산하는가를 나타낸다.

생산성향상은 고용비용의 상승을 합리화하며 경제성장의 원동력이 된다. 고숙련노동자가 저숙련노동자보다 많은 임금을 받는 이유이다.

생산성의 증가는 노동인구가 증가하지 않아도 국가의 총생산을 늘릴 수 있는 요소이며 기업입장에서도 매출증가를 일으킬 수 있는 요소이다. 그러므로 생산성의 증가는 기업 매출 및 주가에 긍정적이다.

생산성증가를 위해서는 같은 시간에 더 많은 제품을 생산하거나 더 고품질의 고부가가치를 가진 제품을 생산해야 한다.

- 비농업 생산성: https://www.investing.com/economic-calendar/nonfarm-productivity-228

29. 수익률곡선

수익률곡선(Yield Curve)은 미국뿐 아니라 모든 국가에 유의미하다.
각 국가의 단기와 장기의 국채금리차이를 곡선형태의 그래프로 그린 것이 수익률곡선이다. 3개월, 6개월, 1년, 2년, 5년, 10년, 30년 만기 등 대표적인 만기의 국채 금리들을 연결한 곡선이다.

일반적으로 장기금리가 단기금리보다 높으며, 이는 장기보유에 따른 가격변동위험이나 디폴트위험이 더 높기 때문으로 볼 수 있다.

수익률곡선이 우상향이면 앞으로 경기가 좋아질 것으로 해석한다. 수익률곡선이 우하향이면 장기적으로 금리를 인하할 것이 예상되며 채권투자자들이 경기침체를 예상하고 있는 것으로 해석한다.

수익률곡선은 침체를 예측하는 선행지표로 투자자들이 주시하고 있다. 수익률곡선이 우하향으로 역전될 경우, 6개월~1년 6개월 후에 경기침체가 올 가능성이 높다.

수익률곡선 자체는 주식시장에 즉각적인 영향을 미치지 못한다. 하지만 수익률곡선이 역전될 경우 투자에 유의하는 것이 좋을 수 있다.

- 미국 수익률곡선: https://kr.investing.com/rates-bonds/usa-government-bonds
- 한국 수익률곡선: https://kr.investing.com/rates-bonds/south-korea-government-bonds

30. 일본 단칸지수

일본중앙은행은 분기별로 단칸지수(Japan Tankan Index)를 발표한다. 일본 9천여 개 기업들을 대상으로 설문조사를 하여 현재 경기상황, 수요와 공급, 가격, 판매량, 이익률 변화, 고정투자, 고용, 재정상황 등에 대한 답변을 취합한다.
단칸지수는 0보다 크면 성장, 0보다 작으면 하강을 나타낸다.
일본경제 및 일본 주가를 예측하는 데 활용될 수 있다.

- 일본 단칸 대형제조업지수: https://kr.investing.com/economic-calendar/tankan-large-manufacturers-index-279
- 일본 단칸 대형비제조업지수: https://www.investing.com/economic-calendar/tankan-large-non-manufacturers-index-280

31. 중국 산업생산

중국통계국은 매월 3주 차에 산업생산수치(China Industrial Production)를 발표한다.

한국뿐 아니라 많은 수출중심국가들이 중국경제에 의존하므로 중요한 지표이다. 중국 산업생산이 증가한다는 것은 중국의 총생산과 기업의 매출이 증가하고 있는 것과 관계가 깊다.

중국의 경기가 좋아지면 한국기업들의 수출도 늘어나 한국기업들의 매출과 고용도 늘어날 수 있다. 반면 미국 또는 중국의 경기가 침체되면 수출국인 한국도 동반 침체되는 경향이 있다. 그래서 한국 주식투자를 할 때는 미국, 유럽, 중국의 경기를 관찰하는 것이 좋다. 주요 소비대국들의 경기가 침체되면 소비가 줄어들고 한국제품의 수입도 줄어들기 때문이다.

- 중국 산업생산: https://kr.investing.com/economic-calendar/chinese-industrial-production-462

32. 필라델피아 반도체지수

필라델피아 반도체지수(SOX, Philadelphia Semiconductor Index)는 30개 반도체회사주가의 시가총액가중평균지수이다.

1993년 필라델피아 주식거래소에서 만들어졌다.

미국 반도체업종의 주가를 주시함으로서 삼성전자나 SK하이닉스와 같은 한국반도체업종에 투자를 결정하는 데 참고할 수 있다.

- 필라델피아 반도체지수 구성종목
  - SWKS: Skyworks Solutions, Inc.
  - QCOM: QUALCOMM Incorporated
  - NVDA: NVIDIA Corporation
  - ON: ON Semiconductor Corporation
  - AMD: Advanced Micro Devices, Inc.
  - CCMP: CMC Materials, Inc.
  - NXPI: NXP Semiconductors N.V.
  - MCHP: Microchip Technology Incorporated
  - INTC: Intel Corporation
  - LSCC: Lattice Semiconductor Corporation
  - TXN: Texas Instruments Incorporated
  - TER: Teradyne, Inc.
  - AVGO: Broadcom Inc.
  - MRVL: Marvell Technology Group Ltd.

- MU: Micron Technology, Inc.

- QRVO: Qorvo, Inc.

- TSM: Taiwan Semiconductor Manufacturing Company Limited

- ADI: Analog Devices, Inc.

- MKSI: MKS Instruments, Inc.

- XLNX: Xilinx, Inc.

- IPHI: Inphi Corporation

- ENTG: Entegris, Inc.

- SLAB: Silicon Laboratories Inc.

- AMAT: Applied Materials, Inc.

- KLAC: KLA Corporation

- LRCX: Lam Research Corporation

- ASML: ASML Holding N.V.

- BRKS: Brooks Automation, Inc.

- CREE: Cree, Inc.

- MPWR: Monolithic Power Systems, Inc.

- 필라델피아 반도체지수: https://kr.investing.com/indices/phlx-semiconductor

33. 발틱운임지수

발틱운임지수(BDI)는 철광석, 석탄, 곡물 등 건조화물을 옮기는 벌크선의 운임을 지수화한 것이다.

전 세계의 경기와 무역의 활발함을 나타내는 선행지표 중 하나이다.

철광석의 비중이 가장 크므로 철광석수요와 관련이 깊다.

- BCI: Baltic Exchange Capesize Index. 철광석, 석탄과 같은 산업재를 수송하는 벌크선들의 운임지수. 15만 톤 정도의 케이프사이즈급 벌크선은 수에즈운하를 통과하기에는 너무 커서 케이프타운 남쪽을 거쳐 운항한다.

- BPI: Baltic Exchange Panamax Index. 주로 곡물을 운송하는 벌크선들의 운임지수. 파나맥스급 벌크선은 파나마운하를 통과할 수 있다.

- BSI: Baltic Exchange Supramax Index. 주로 비료, 탄산칼륨, 시멘트 등을 수송하는 벌크선들의 운임지수. 수프라막스급 벌크선은 5~6만 톤 정도를 실을 수 있는 중소형 벌크선으로 주로 부피가 상대적으로 작은 화물을 싣는다.

- 발틱운임지수: https://kr.investing.com/indices/baltic-dry-chart

34. 상하이 컨테이너 운임지수

상하이 컨테이너 운임지수(SCFI, Shanghai Containerized Freight Index)는 중국으로부터의 해양화물운송료를 측정하는 지수이다.

2009년부터 매주 발표되고 있으며, 상하이를 포함한 중국 주요항구로부터의 컨테이너운임을 나타낸다. 상하이 컨테이너 운임지수는 상하이로부터 유럽, 미국, 페르시아만, 뉴질랜드, 아프리카, 일본, 동남아, 한국 등 가장 비중이 높은 무역로를 기준으로 계산된다.

상하이 컨테이너 운임지수가 상승한다는 것은 컨테이너선 수요가 많다는 것으로, 해운기업들과 조선소들의 매출증가를 기대할 수 있다.

- 상하이 컨테이너 운임지수: https://en.sse.net.cn/indices/scfinew.jsp

35. 공포와 탐욕지수

공포와 탐욕지수(Fear and Greed index)는 CNN에서 계산하여 발표한다.

주식시장의 과매도나 과매수 상태를 판단할 때 유용하다.

0~100% 범위의 값을 가지며 100%이면 주식투자자들이 극단적으로 탐욕스러운 상태이며, 0%이면 극단적으로 공포에 질린 상태로 본다. 50%를 중립으로 보며 그 이상은 탐욕적(greed)이라고 하며, 그 이하는 공포적(fear)이라고 한다.

주식투자자들이 극단적으로 탐욕스러운 상태일 때는 추가적으로 주식투자하는 것에 주의하는 것이 좋다.

공포와 탐욕지수는 7가지 지표를 합산하여 계산된다.

① 주가모멘텀
② 주가강도
③ 주가폭
④ 풋콜비율
⑤ 정크본드수요
⑥ 시장변동성
⑦ 안전자산수요

- 공포와 탐욕지수: https://money.cnn.com/data/fear-and-greed/

주식
투자
안내서

주식
투자
안내서

맺음말

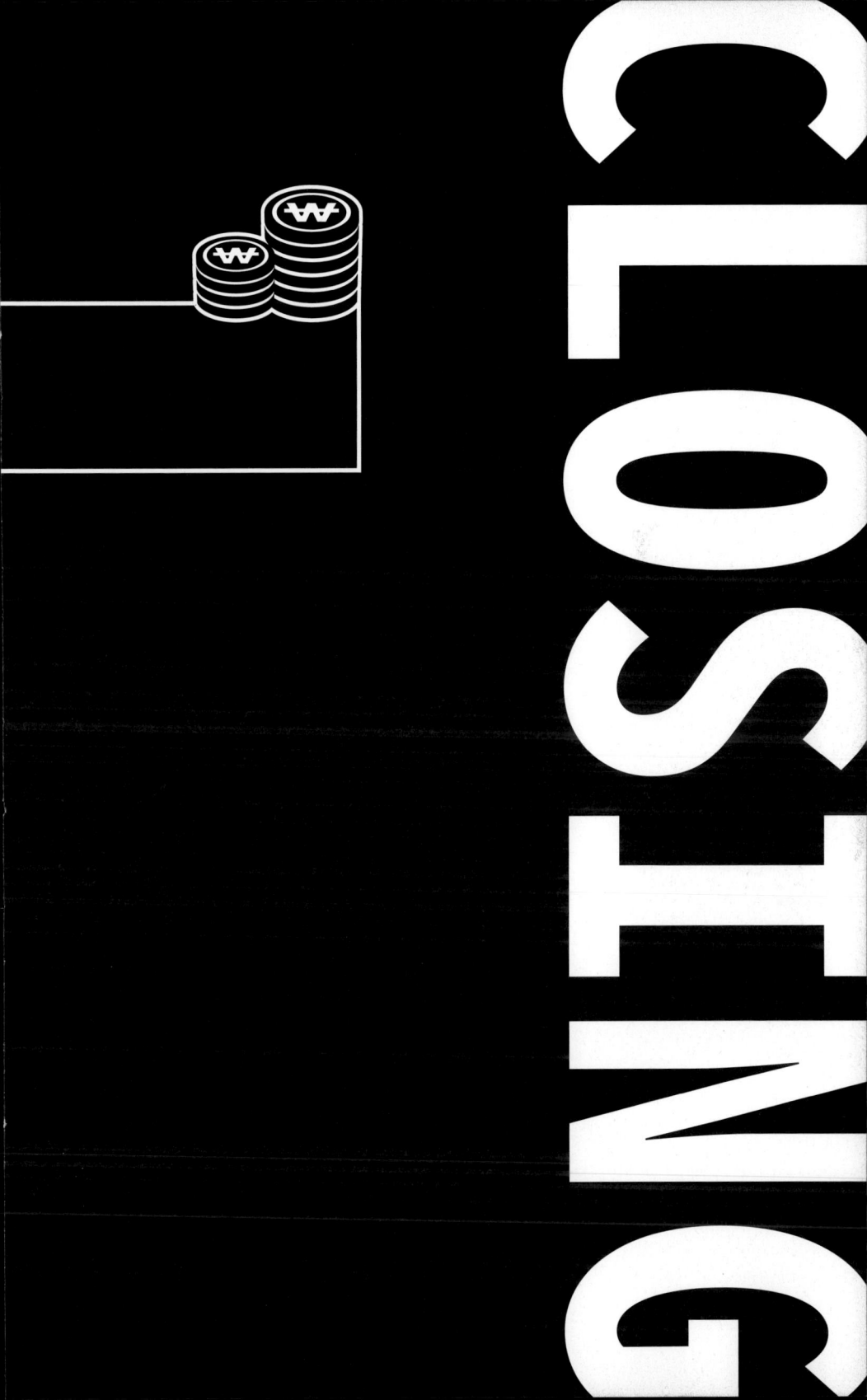

맺음말

　돈을 벌 수 있을 것 같은 투자 아이디어가 떠올라도 실전에 임하면 생각과는 다르게 반대 방향으로 흐르는 경우가 많다. 투자에 임할 때에는 늘 겸허한 마음가짐을 가지는 것이 중요하다. 과한 자신감도, 종목과 사랑에 빠지는 것도 투자자를 늪에 빠뜨려 헤어 나오지 못하게 만들 수 있다. 투자의 구루인 조지 소로스도 자신이 자주 틀리기 때문에 전지전능의 착각에 빠질 수 없다고 하였다. 인간은 누구나 실수를 하고, 이를 인간이기에 가지는 한계로 받아들이는 것이 투자에 도움이 된다.

　투자에 있어 가장 어려운 것 중 하나가 탐욕을 제어하는 일이다. 필자도 대박을 노리다가 큰 손실을 본 적이 많다. 가까이에서 겪어 본 것은 아니지만 필자는 워런 버핏이 마치 인내심이 넘치는 도인처럼 느껴지고, 그의 투자에 대한 안목과 장기투자를 실천하는 능력에 감탄한다. 워런 버핏 자신도 인내심을 강조하는 말들을 하였다. 투자는 어쩌면 인내의 과정인지도 모른다. 장기투자를 하며 기다릴 때에도, 시장이 악재에 흔들려 큰 평가 손실을 보고 있을 때에도, 손실을 실현하여 큰 금액의 손실을 입었을 때에도 늘 인내심을 요구한다. 투자는 큰 수익이 난 경우가 아니라면 아마도 대부분의 기간 동안 괴로운 시간의 연속일 수 있다.

투자의 대가들은 아는 것에 투자하라고 조언하는 경우가 많다. 많은 개인투자자들이 투자나 로또로 대박이 나서 돈 많은 백수를 꿈꾸지만, 백수는 투자에 있어 가장 불리한 위치이다. 정신상태가 해이해질 수 있는 점도 큰 이유이지만, 주식의 근본이 되는 기업들의 동향을 실제로 보고 들을 수 있는 기회를 놓치고 글과 뉴스로만 파악해야 하는 상황에 놓일 수 있는 사람이 백수이기 때문이다. 특히 사업이나 오래 회사생활을 해 본 경험이 있다면 해당 업종에서 유리할 수도 있다. 예를 들면 반도체 제조회사에서 근무한 임원이나 직원들은 반도체 산업의 현황과 전망, 수익 구조 등에 대해 외부인보다 좀 더 많은 지식을 가질 수 있다. 이러한 경험과 지식들은 결정적인 투자 기회를 제공하기도 한다. 대부분은 자신이 다니는 회사의 앞날도 예측할 수 없는 것이 현실이지만, 몇 년간 경력을 쌓은 회사원이라면 자신이 속한 업종에서 어떤 기업이 가장 건실하고 전망이 밝은지 정도는 파악하고 있을 것이다. 이러한 정보는 바로 우량주를 고르는 안목이 되기도 한다.

차트를 보고 쉽고 단순한 방법으로 수익을 낼 수 있다고 유혹하는 사람들이 많다. 그게 사실이라면 증권사에서 차트를 무료로 제공하지는 않을 것이다. 증권사에는 과거의 주가와 기술적 지표, 재무제표, 투자지표들에 대한 빅 데이터를 보유하고 있으며, 과거의 데이터에 대해 투자 전략을 테스트할 수 있는 시스템이 갖추어져 있다. 심지어 그러한 시스템을 고객들에게 무료 또는 유료로 제공하는 한국 증권사들도 있다. 돈이 되는 쉬운 방법이 있다면 무료 또는 저렴한 요금으로 차트나 백테스트 시스템을 제공하지는 않을 것이다. 높은 수익률을 올릴 수 있는 차트매매 또는 투자방법이 있다면, 많은 사람들이 발견하고 따라할 수 있을 것이다. 수익금을 많은 사람들이 나눠 갖는다면 수익률은 곧 의미 없는 수준으로까지 떨어질 것이다. 그러므로 높은 수익률을 올릴 수 있는 쉬운 방법이라는 것은 오래 존재할 수가 없다. 투자자들이 높은 수익률을 바란다면 공부든 분석이든 공을 많이 들여야 한다는 점을 강조하고 싶다.

필자는 개인적으로 투자는 실력뿐 아니라 운이 따라야 한다고 생각한다. 왜냐하면 우리는 인간이기 때문이다. 인간이기에 투자한 회사의 내외부 사정에 대해 실시간으로 파악하는 것이 거의 불가능하다. 지구 반대편에서 어떤 일이 일어나고 있는지, 어떤 일이 일어날 것인지 실시간으로 파악하는 것도 거의 불가능에 가까운 일이다. 이 말은 곧 당신이 투자한 회사에 아무런 사고도 발생하지 않고, 예상한 대로 잘 흘러가는 일에는 천운이 따라야 한다는 것이다.

천운이 함께하길 바라며,
Good luck.

주식
투자
안내서

부록

APPENDIX

투자 정보 사이트

☐ 전자공시 시스템 dart.fss.or.kr
: 분기별 보고서, 사업 보고서, 배당금 지급 예정 등 상장기업들의 중요한 공시를 조회할 수 있다.

☐ 네이버 금융 finance.naver.com
: 국내 및 해외 주가지수, 주식 정보, ETF 및 펀드 정보 등을 조회할 수 있다.

☐ 미국 야후 금융 finance.yahoo.com
: 미국 주가지수, 주식 정보 등을 조회할 수 있다.

☐ 펀드닥터 www.funddoctor.co.kr
: 국내에서 판매되는 펀드들에 대한 정보를 제공한다.

☐ 한국은행 경제통계 시스템 ecos.bok.or.kr
: 한국의 GDP 성장률 등 경제통계를 제공한다.

☐ 블룸버그 bloomberg.com
: 미국 및 해외 주가지수 및 금융 관련 뉴스를 제공한다.

참고문헌

Dimson, E., Marsh, P. and Staunton, M. (2002), "Triumph of the Optimists: 101 Years of Global Investment Returns", Princeton University Press, Princeton, N.J.

Harry Markowitz(1952), "Portfolio Selection", The Journalof Finance, Vol.7, No.1, pp.77-91

데이비드 드레먼, 《데이비드 드레먼의 역발상 투자》, 흐름출판, 2009

피터 린치, 한국신용평가위원회 평가부 역, 《전설로 떠나는 월가의 영웅(One Upon Wall Street)》, 국일증권경제연구소, 2005

마크 파버, 《내일의 금맥》, 필맥, 2008

필립 피셔, 박정태 역, 《위대한 기업에 투자하라(Common Stocksand Uncommon Profit)》, 굿모닝북스, 2005

제시 리버모어, 박성환 역, 《주식매매 하는 법(HOW TO TRADE IN STOCKS)》, 이레미디어, 2018

제시 리버모어, 에드윈 르페브르, 《위대한 투자자》, 원앤원북스, 2007

장진모, 《주식의 역사》, 한국경제신문, 2004

'Investors expect strong returns from hedge funds in 2018', Investment executive, 2018년 3월 6일

'John Meriwether to shut hedge fund', Bloomberg, 2009년 7월 8일

'The Trade of the Century: When George Soros Broke the British Pound', priceonomics

'하이닉스 감자 통과… 주총장 아수라장', SBS뉴스, 2003년 2월 25일

'[키워드로 보는 이슈] 버핏도 땅에 떨어질 때가 있다… ROI처럼 실수도 관리해야', 이투데이, 2018년 6월 14일

'비트코인도 헤지펀드 1% 투자법 먹잇감', 연합뉴스, 2017년 8월 22일

'조정장에도 뭉칫돈 한국형 헤지펀드', 매일경제, 2018년 8월 21일

'소로스도 만리장성은 못 넘었다', 이데일리, 2016년 3월 14일

전문 용어 색인

가치주	55, 65	선행 PE	59	장기차입금	103
거래소 상장펀드	146	성장주	50, 55	장기투자	83
고빈도 트레이딩	46	섹터펀드	153	재고자산	102
공시	31	소형주 효과	123	재무제표	100
과매도	118	손익계산서	100	재무현금 흐름	93
과매수	118	손절	77, 134	저항선	115
글로벌매크로 전략	180	순이익증가율	80	정보비율	75
금융 위기	44	순자산	60	젠센의 알파	129
기업 공개	21	스윙 트레이딩	46	주가수익비율	57
내가격옵션	168	스캘프 트레이딩	46	주가순자산비율	60
단기차입금	103	스트래들	172	주가지수	23
단순평균 방식	23	시가배당률	21, 88	주식	20
닷컴버블	51	시가총액 가중평균 방식	23	지지선	115
당좌비율	87	시가총액	23, 84	질적 분석	80, 81
당좌자산	101	시장 위험	77	채권형 펀드	155
대차대조표	101	시장 조성	47	초과수익률	123
데이 트레이딩	46	시장수익률	123	추세추종 전략	136
등가격옵션	168	양적 분석	54, 80	커버드 콜	171
롱숏 전략	179	영업이익률	91	코스피200 선물	162
매입채무	103	영업현금 흐름	93	콜옵션	164
매출액 증가율	90	옵션 가격지표	167	통계적 차익거래	47
매출증가율	80	옵션	35, 164	투자자산	102
무상감자	34	외가격옵션	169	투자현금 흐름	93
무상증자	33	외환 위기	44	트레이너지수	75, 128
무형자산	102	우선주	21	트레이딩	39, 45
뮤추얼펀드	144	위험	74	파생 상품	35
방향성 전략	181	위험조정수익률	75	파생펀드	154
배당	32	유동성	21	펀드 오브 헤지펀드 전략	184
배당주	66	유동자산	101	평균회귀	136
베타계수	76	유상증자	21, 33	포지션 트레이딩	45
변동성	39, 74	유형자산	102	포트폴리오 효과	73
보통주	21	이동평균선	113	풋옵션	165
보호 풋	170	이벤트 차익거래	47	해외주식형 펀드	152
복리	42	이벤트드리븐 전략	182	헤지펀드 전략	178
봉 차트	112	이익잉여금	103	헤지펀드	176
부채비율	80, 85	이자보상배율	80, 86	현금 흐름	93
비유동자산	101, 102	자기자본이익률	94	현금 흐름표	104
상대강도지수	118	자본 조정	103	현금수익률	123
상대적 가치 전략	183	자본금	103	환헤지형 펀드	157
샤프지수	75, 127	자본잉여금	103	후행 PE	59
선물	35, 161	자산	101		

차트 색인

차트 1: 버크셔 해서웨이 주가그래프	17
차트 2: KOSPI 종합 주가지수	24
차트 3: 애플 주가그래프	30
차트 4: 2000년~2018년 삼성전자 주가 추이	41
차트 5: 페이스북 주가	52
차트 6: 아마존 주가	58
차트 7: 영원무역 주가	62
차트 8: 애플 주가	63
차트 9: 마이크로소프트 주가	67
차트 10: 셀트리온 주가	71
차트 11: 엔씨소프트 주가	92
차트 12: SK하이닉스 주가	97
차트 13: LG디스플레이 주가	99
차트 14: 닷컴버블 전후의 나스닥지수	110
차트 15: 삼성전자 주가(이동평균선)	114
차트 16: 저항선과 지지선	116
차트 17: 네이버 주가와 RSI(하단)	119
차트 18: 수년간 박스권(평균회귀)인 SK텔레콤 주가	137
차트 19: 일본 증시에 상장된 KODEX200 ETF	147

그림 색인

그림 1: 봉(캔들)의 구조 — 112
그림 2: 콜옵션 매수 포지션 손익그래프 — 165
그림 3: 풋옵션 매수 포지션 손익그래프 — 165
그림 4: 커버드 콜 손익그래프 — 171
그림 5: 스트래들 손익그래프 — 172

표 색인

표 1: 주식거래시간 — 26
표 2: 트레이딩 기간 — 45
표 3: 손실 복구에 필요한 수익률 — 135
표 4: ETF 자산운용사 — 149